BIBLIOTHÈQUE DU VOYAGEUR

LE GRAND GUIDE DE BERLIN

Traduit de l'anglais et adapté
par Sabine Sirat, Liliane Charrier, Véronique Meutey
et Pierre de Laubier

GALLIMARD

CEUX QUI
ONT FAIT CE GUIDE

Höfer

La première édition anglaise de ce guide, rédigée par **Rolf Steinberg** et **Heinz Vestner** avant les événements de 1989-1990, appelait une refonte complète, dont cette première édition en français bénéficie.

C'est **Wieland Giebel** qui a réalisé la présente édition. Pour prendre en compte les récents bouleversements berlinois, il a fait appel à des auteurs originaires des deux moitiés de la ville. Collaborateur du quotidien *Tageszeitung* vers la fin des années 80, W. Giebel travaille depuis comme éditeur et journaliste touristique. Il a participé à la rédaction des guides Apa sur l'Allemagne (*Grand Guide de l'Allemagne*), sur Dresde et sur Francfort. Il réside à Berlin.

Giebe

Arnold Seul, qui a décrit la partie sud-est de la ville, a vécu à Kreuzberg de longues années ; il est collaborateur indépendant de la chaîne de télévision berlinoise S.F.B. (Sender Freies Berlin).

On doit à **Ute Frings**, correspondante à Berlin du *Frankfurter Rundschau*, le chapitre qui traite de l'après-guerre.

Petra Dubilski est l'auteur de plusieurs ouvrages sur l'immobilier à Berlin. Sa parfaite connaissance de l'actualité politique et culturelle, et de certains quartiers peu touristiques, a été une aide précieuse.

Dubilski

André Beck a fait cinq ans d'études à Moscou ; il est devenu rédacteur chez A.D.N., éditeur est-berlinois, avant de rejoindre l'équipe du *Tageszeitung* en 1990.

Le journaliste **Hans-Martin Tillack** est spécialiste des questions de protection de la nature ; depuis quelques années, le ciel et la pollution atmosphérique de Berlin n'ont plus de secrets pour lui.

Germaniste, philosophe et écrivain, **Michael Bienert** a suivi l'évolution de la *szene* de Prenzlauer Berg. Son expérience de guide-conférencier lui a permis d'explorer Berlin de fond en comble. Lui aussi a collaboré au *Grand Guide de l'Allemagne*. Son livre *Die eingebildete Metropole*, qui brosse un portrait de Berlin sous la république de Weimar, a eu du succès outre-Rhin.

Bienert

Tillack

Eva Schweitzer écrit des articles sur les projets d'aménagement et la politique urbaine dans le quotidien *Tagesspiegel*. Elle est convaincue qu'Alexanderplatz aura un succès analogue à celui de Time Square à New York.

Quant au journaliste touristique **Günter Ermlich**, il hésite entre partager ses secrets sur les environs de Berlin et se taire pour préserver les coins tranquilles. Il a résolu ce dilemme en se faisant le défenseur du « *tourisme alternatif* ».

Annette Leo vient de Berlin-Est. En tant qu'historienne, elle s'est intéressée de plus près à l'histoire de la R.D.A.

Schweitze

Christoph Busch, journaliste indépendant au *Tageszeitung* et à la télévision, a rédigé le chapitre consacré à la D.E.F.A. et aux studios de Babelsberg.

Ceux qui lisent le supplément littéraire du *Tagesspiegel* connaissent le nom d'**Hellmut Kotschenreuther**, critique musical et dramatique depuis 1951.

Michael Ellsässer, qui a élu domicile à Berlin, collabore au programme culturel de la S.F.B. Il observe les Berlinois depuis des années avec un certain recul, dû à ses origines souabes.

Anne Worst, qui travaille elle aussi pour la S.F.B., a accordé le même soin à la description des deux centres névralgiques de Berlin, le Kurfürstendamm et Unter den Linden.

Armée d'un micro, **Sigrid Hoff** parcourt la ville pour le compte d'une série télévisée produite par la S.F.B. Pour les besoins du guide, elle a arpenté les rues de Charlottenburg, Spandau, Wedding et Zehlendorf.

Hoff

Michael Stone a écrit les pages consacrées aux dernières heures du régime national-socialiste. Né en 1922, il a grandi à Berlin dans une famille juive avant de se réfugier en Angleterre. A l'issue d'un séjour à Berlin à la fin des années 60, il décida de s'y établir comme critique de théâtre.

New-yorkais d'origine, le marchand d'art et galeriste **Michael S. Cullen** est berlinois depuis 1964. Depuis plus de vingt ans, il soutenait le projet de Christo qui souhaitait emballer le Reichstag ; ce projet finit par aboutir en juin 1995.

La plupart des photographies de la partie occidentale sont de **Günter Schneider**. Il connaît les moindres recoins de Berlin-Ouest, où il exerce son activité depuis des années.

Erhard Pansegrau, photographe indépendant depuis la fin des années 70, a publié plusieurs ouvrages de photographies. Ses clichés illustrent le *Grand Guide de l'Allemagne*, le *Grand Guide du Rhin*, le *Grand Guide de la Chine*, pour n'en citer que quelques-uns.

Pansegrau

La quasi-totalité des photographes qui ont collaboré à cet ouvrage résident à Berlin depuis longtemps : **David Baltzer**, son collègue américain **Michael Hughes**, qui travaille pour l'agence Sequenz, **Sabine** et **Karl-Heinz Kraemer** d'Alpha Press, **Harald Hauswald** et **Thomas Sandberg** de l'agence Ostkreuz, **Christine Engel**, **Benno Kraehahn**, **Kai Ulrich Müller** et **Stefan Maria Rother**.

L'édition allemande de ce guide a été rédigée sous la direction de **Dieter Vogel** et de **Matthias Liesendahl**. **Lorna Linnane** et **Stephen Boyd** ont assuré la traduction en anglais de cette nouvelle édition.

La traduction et l'adaptation du présent ouvrage, pour l'édition française, ont été menées à bien par **Liliane Charrier** et **Sabine Sirat**. De Berlin, **Véronique Meutet** a permis à cette version française d'être le plus à jour possible malgré les changements constants qui affectent la capitale de l'Allemagne.

TABLE

TABLE

TABLE

BIENVENUE
À BERLIN

Berlin est l'une des villes d'Europe d'où sont parties les plus violentes ondes de choc qui aient ébranlé le continent. Depuis sa fondation, et plus encore depuis le début du XXᵉ siècle, elle est en perpétuelle mutation : la capitale de l'empire wilhelminien devint le berceau des idées révolutionnaires, le tourbillon des années folles fit place à la dictature nationale-socialiste.

Sur le gigantesque champ de ruines qui en résulta surgirent deux moitiés de ville régies par des systèmes de société diamétralement opposés. Berlin-Ouest, vitrine du monde libre, maintenue en vie par une politique de subventions et d'allégements fiscaux, faisait face à Berlin-Est, capitale de la R.D.A. et vitrine du socialisme. Durant quatre décennies, la ville sur la Spree fut le symbole de la division du monde en deux blocs.

Or, le reste de la planète se serait passé de certaines des ondes de choc berlinoises. En effet, Berlin a été au cœur deux conflits mondiaux. Au cours des années 60, Berlin-Ouest fut l'un des principaux foyers de la révolte estudiantine et des contre-cultures en Europe. A la même époque, de l'autre côté du mur, on organisait d'immenses parades à la gloire d'instances dirigeantes totalitaires.

Berlin est un mythe : les voyageurs ont tendance à oublier que la cité brandebourgeoise n'était qu'une juxtaposition d'anciens villages dont la taille actuelle ne date que de 1920. Berlin est un concentré de conservatisme prussien qu'on a voulu transformer en métropole. Même les plus fidèles défenseurs de l'orthodoxie communiste revendiquaient l'héritage classique allemand. Mais ils attendirent le milieu des années 80 pour restaurer et pour mettre en valeur ce patrimoine.

Autre facette du mythe : l'histoire et les histoires sont ici le fait du hasard. Ce qui n'étonne que ceux qui ne prennent en compte la dimension quotidienne de la réalité historique. Pour les Berlinois, l'histoire n'a d'importance qu'au moment où survient le changement, la crise. Passé ce moment, la vie reprend son cours. La chute du mur ? Après quelques semaines de liesse, les habitants se réapproprièrent le « couloir de la mort » pour en faire un lieu de pique-nique.

C'est peut-être là que réside le charme de Berlin : dans sa capacité à allier le quotidien et l'histoire, à banaliser l'événement historique. Au fond, les vrais Berlinois trouvent que *tout cela est parfaitement normal*.

Pages précédentes : défilé de mode dans le parc ; le dôme du château de Cherlottenburg ; Alexanderplatz et la tour de la Télévision ; l'église du souvenir ; l'avenue Unter den Linden. Ci-contre, un montreur de singes.

UNE VILLE
COUPÉE EN DEUX

En 1990, Berlin a cessé d'être une ville divisée. Séparés durant vingt-huit ans par un mur et gouvernés par des systèmes politiques diamétralement opposés, les Berlinois ont dû réapprendre à vivre ensemble.

La chute du mur

Quelques mois après le démantèlement du mur, on rendit à la circulation des rues qui se terminaient en cul-de-sac et l'on rouvrit des stations de métro condamnées depuis des années. Berlin est redevenue la capitale de l'Allemagne le 20 juin 1991, même si le transfert des ministères implantés à Bonn ne s'achèvera qu'au début du XXIᵉ siècle.

Malgré leurs retrouvailles récentes, Berlin-Est et Berlin-Ouest sont encore deux moitiés de ville distinctes. La disparition du mur n'est pas parvenue à effacer tous les contrastes.

A cet égard, la physionomie des rues est révélatrice : à l'ouest, la politique de « rénovation douce » menée dans les années 80 tenta de corriger les excès modernisateurs de l'après-guerre ; à l'est en revanche, les blocs de béton où le fonctionnalisme l'emporte sur l'esthétique ont remplacé dans une large mesure les immeubles anciens. Même l'antique quartier Saint-Nicolas n'a pas échappé aux ravages du « réalisme socialiste ».

La différence est également sensible en matière de végétation et d'espaces verts : si, à l'ouest, les rues s'agrémentent souvent d'arbres ou de parterres de fleurs, la chlorophylle fait cruellement défaut dans les grandes artères de l'ancienne capitale est-allemande.

Certes, depuis juillet 1990, date d'entrée en vigueur de l'union économique, sociale et monétaire entre la république fédérale (R.F.A.) et la république démocratique (R.D.A.), les restaurants et les commerces proposent les mêmes produits. Toutefois,

A gauche, visages souriants le jour de la chute du mur de Berlin ; à droite, peinture murale en trompe-l'œil à Neukölln.

le rapprochement entre les Berlinois de l'Est et les Berlinois de l'Ouest n'est pas aussi facile qu'on aurait pu le croire. L'expérience quotidienne montre bien qu'ils ont évolué dans des systèmes radicalement différents et qu'il leur faudra du temps pour parvenir à une parfaite compréhension.

Une ville vert et bleu

Situé à l'est de l'Elbe, dans la marche de Brandebourg, Berlin est à peu près à la même latitude que Londres et à la même longitude que Naples.

Jusqu'à la partition de l'Allemagne, la métropole brandebourgeoise occupait une position centrale sur le territoire dont elle était la capitale. Après la guerre, sa situation en fit le théâtre privilégié de la guerre froide, le terrain d'affrontement entre l'Union soviétique et les États-Unis.

Lorsqu'on découvre Berlin pour la première fois, on est surpris par l'abondance de cours d'eau et d'espaces verts : ceux-ci occupent en effet 24 % de la superficie de la ville.

De même, la région environnante regorge de lacs et de forêts, très appréciés des Berlinois amateurs d'air pur. Les trois plus vastes étendues bleutées, le Tegeler

appartement inoccupé, on pouvait s'y installer après avoir fait quelques réparations indispensables. L'office municipal du logement, qui préférait ignorer l'existence des squatters, ne risquait pas de venir les déloger.

Après la disparition du mur, des groupes de jeunes investirent des immeubles entiers; ils voulaient un endroit à eux pour y expérimenter de nouveaux modes de vie, à l'écart de la sphère familiale. Le quartier de Prenzlauer Berg compte encore de nombreux immeubles délabrés dont la restauration nécessiterait d'importantes subventions pour les particuliers. Le problème

est ainsi entre les mains du conseil municipal de Berlin.

D'innombrables églises de village

Berlin n'existe sous sa forme actuelle que depuis le 1er octobre 1920, date d'entrée en vigueur de la « loi portant création de la nouvelle communauté urbaine de Berlin ». Cette loi réunissait au sein d'une même entité 7 villes, 59 communautés rurales et 27 domaines.

A l'origine, Berlin comportait les circonscriptions suivantes : Mitte, Tiergarten, Wedding, Prenzlauer Berg, Friedrichshain et Hallesches Tor (l'actuel Kreuzberg). Les

communes autonomes de Charlottenburg, Köpenick, Lichtenberg, Neukölln, Schöneberg, Spandau et Wilmersdorf se virent rattachées au Grand Berlin, mais elles conservèrent leur nom et leur hôtel de ville.

D'autres domaines et communautés rurales vinrent former sept arrondissements supplémentaires. Chacun de ces sept arrondissements prit le nom du village le plus peuplé : Pankow, Reinickendorf, Steglitz, Tempelhof, Treptow, Weissensee et Zehlendorf.

La réforme administrative de 1920 fit de Berlin la seconde ville d'Europe. Durant la décennie qui suivit, la ville accéda au rang de métropole culturelle et intellectuelle et connut son âge d'or. Répartis sur un vaste territoire, les arrondissements ont conservé quelques témoins de leurs origines rurales : les nombreuses églises de village sont encore intactes.

Un centre en double exemplaire

La partition de la ville a engendré deux centres distincts, séparés l'un de l'autre par le parc de Tiergarten et par le mur. L'île sur la Spree et l'avenue Unter den Linden, où se concentrent la plupart des monuments érigés au temps des rois de Prusse, constituent le cœur historique de la métropole.

La cité « occidentale », c'est-à-dire le Kurfürstendamm et les rues voisines, s'est développée plus tard, sous l'empire d'Allemagne. Devenue artère principale au cours des années 20, elle a été le centre de Berlin-Ouest jusqu'à la réunification.

La division de la ville eut pour conséquence le dédoublement des lieux et des institutions. Hôtels de ville, zoos, musées, grandes esplanades comme l'Alexanderplatz et la Breitscheidplatz : à Berlin, tout existe en double. Désormais, le Rotes Rathaus abrite le conseil municipal de Berlin réunifiée, tandis que l'hôtel de ville de Schöneberg, dans l'ancien secteur occidental, est redevenu simple mairie d'arrondissement. Quant aux musées de la ville, ils sont en pleine réorganisation.

A gauche, la grande gare de marchandises de Moabit.

L'Allemagne

120 km

SUÈDE

København
Malmö

BORNHOLM
(Dan.)

Esbjerg
Kolding
Odense

DANEMARK

Westerland
Flensburg
Nakska
Rødby Havn
Saßnitz

Mer du Nord

SYLT

NORDFRIESISCHE INSELN

Schleswig
Puttgarden

Mer Baltique

Kiel

Warnemünde
Stralsund
RÜGEN

HELGOLAND

Rostock

Lübeck

Cuxhaven

Wismar

OSTFRIESISCHE INSELN

Hamburg

Schwerin
Neubranden-
burg

Wilhelms-
haven

Szczecin
(Stettin)

Groningen

Oldenburg

Bremen

Lüneburg

Elbe

Wittenberg

POLOGNE

PAYS-BAS

BUNDESREPUBLIK

Weser

Celle

Wolfsburg
Potsdam
BERLIN
Frankfurt
a. d. Oder

Apeldoorn
Osnabrück
Hannover

Enschede
Bielefeld
Bielefeld
Hameln
Hildesheim
Magdeburg

Arnheim
Münster
Goslar
Dessau
Cottbus

Rhein

Höxter

Duisburg
Dortmund
Paderborn
Göttingen
Halle
Elbe

Essen
Wuppertal
Kassel
Leipzig

Mönchen-
gladbach
Düssel-
dorf
Köln
Erfurt
Weimar
Dresden

Aachen
Siegen
Marburg
Gera
Chemnitz

BONN
Zwickau

BELGIQUE
Fulda
DEUTSCHLAND
Praha
(Prag)

Limburg

Koblenz
Coburg

Mosel
Wiesbaden
Plzeň
(Pilsen)

LUXEM-
BURG
Rüdesheim
Frankfurt
Bamberg
Bayreuth

Mainz
Darmstadt
Würzburg

Luxem-
bourg
Trier
**RÉPUBLIQUE
TCHÈQUE**

Mannheim
Rothenburg
Nürnberg

Metz
Heidelberg

Saarbrücken
Regensburg

Karlsruhe
Heilbronn

Nancy
Ingolstadt
Donau

Strasbourg
Baden-
Baden
Stuttgart
Linz

Rhein

Tübingen
Inn

FRANCE
Ulm
Augsburg
München
Chiemsee

Freiburg
Donau

Mulhouse
Friedrichs-
hafen
Garmisch-
Partenkirchen
Salzburg
Berchtesgaden

Basel
Konstanz
2964

Zürich
Bodensee
Oberstdorf
Zugspitze
Innsbruck
AUTRICHE

SUISSE

CAPITALE
DE LA PRUSSE

Berlin puise ses origines dans deux cités distinctes, Berlin et Cölln, situées sur des îles de la Spree. Il semble que les premiers colons s'y établirent au milieu du XIIᵉ siècle. C'est en 1237 que le nom de Cölln apparaît pour la première fois dans les actes officiels, puis, sept ans plus tard, ce sera le tour de Berlin. En 1251, toutes deux obtiennent une charte communale.

Berlin et Cölln entretenaient des relations étroites et partageaient déjà les mêmes intérêts économiques quand elles s'assemblèrent sous l'égide d'une administration commune en 1307.

Après avoir unifié les tribus germaniques, au Xᵉ siècle, Othon le Grand entreprit d'étendre son empire à l'est de l'Elbe, jusqu'à l'Oder. Une révolte des tribus slaves lui permit de lancer une seconde offensive et d'imposer définitivement la suprématie germanique à l'est de l'Elbe. Il baptisa la région « marche de Brandebourg », du nom de la forteresse de Branibor, sur la Havel, premier bastion slave occupé par ses troupes. En 1157, les comtes impériaux de la lignée des Ascaniens, devenus suzerains de la Marche, s'emparèrent de la forteresse de Spandau. Dès le milieu du XIIIᵉ siècle, leur suzeraineté s'étendait sur la totalité de l'actuel territoire berlinois, et ils ne tardèrent pas à déployer leur sphère d'influence vers le nord, jusqu'en Poméranie, puis jusqu'aux contrées situées à l'est de l'Oder.

Commerce et navigation

Les environs inhospitaliers de la Havel et de la Spree étaient jadis très peu peuplés. Des étendues sablonneuses y succédaient à des régions densément boisées, drainées par des lacs, des cours d'eau et des dépressions marécageuses. Les habitants des petits villages slaves vivaient de l'élevage et des maigres cultures qu'ils pratiquaient dans les clairières. A la faveur de l'inven-

Pages précédentes : Unter den Linden, promenade élégante vers 1770. Ci-contre, Joachim II, électeur de Brandebourg (huile de 1562).

tion de la charrue à roues et du soc en fer, ils parvinrent par la suite à mettre en valeur ces sols argileux. Ces progrès s'avérèrent cruciaux pour l'essor et la prospérité de Cölln et Berlin. Tout au long du Moyen Age, le seigle des Marches y demeura la principale marchandise d'échange, avec le bois et la toile de lin et de laine. Mobilisés par les Ascaniens, les nobles vassaux et les templiers tissèrent un réseau de châteaux forts dans tout le pays. Ils fondèrent de nouveaux villages, qu'ils peuplèrent de paysans, d'artisans et de marchands originaires du Bas-Rhin, des Flandres et du nord du Harz, contrée d'origine des Ascaniens.

A la différence de Spandau et Köpenick – cités médiévales qui occupaient le territoire de l'actuelle capitale de l'Allemagne –, la double ville de Berlin-Cölln doit son existence à des facteurs commerciaux. En effet, pour les marchands qui devaient franchir la rivière avec leurs chariots, le gué qui reliait les îles de la Spree était le seul itinéraire praticable à des kilomètres à la ronde. En outre, leur situation permettait aux cités jumelles de contrôler la navigation fluviale. Les marchands et les bateliers de Berlin acquirent ainsi un monopole, non seulement sur l'approvisionnement de l'arrière-pays, mais aussi sur tout le commerce de la marche de Brandebourg.

L'essor des échanges fit la fortune de la cité, où art et artisanat s'épanouirent. Des maisons en dur se substituèrent peu à peu aux chaumières, tandis que la ville se dotait de monastères, d'églises, de ponts et d'hôpitaux. Magistrats et nobles firent l'acquisition de terrains, voire de villages entiers dans les environs.

Certes, la prospérité de Berlin devait paraître bien modeste comparée à l'opulence séculaire des places de commerce du Rhin et du Danube. D'ailleurs, le rôle de la cité sur la Spree dans l'Allemagne médiévale demeura négligeable. L'extinction de la dynastie des Ascaniens précipita l'effondrement de la puissance des margraves (comtes de la Marche), garants du maintien de l'ordre et du respect des lois. Terrorisées par les pillards et les bandits de grand chemin, les Marches en appelèrent à la protection de l'empereur. En vain, car ce dernier, accaparé par sa querelle avec le pape, avait déjà fort à faire pour défendre sa propre couronne. Berlin en tête, les cités décidèrent donc de prendre les choses en main en organisant une milice. Les premiers affrontements se soldèrent par la victoire tantôt d'une partie, tantôt de l'autre. La paix ne devait pas revenir avant 1411, année où le burgrave Frédéric de Nuremberg, de la maison des Hohenzollern, devint margrave puis prince électeur de la marche de Brandebourg.

Premiers châteaux

L'avènement des Hohenzollern dans le Brandebourg mit un terme aux luttes interdit les alliances avec d'autres cités et supprima l'administration commune des villes jumelles. La révolte des citoyens de Berlin pour reconquérir leurs droits civiques se solda par un échec.

Le prince fit élever une forteresse à Cölln en 1443. Une cinquantaine d'années plus tard, Berlin-Cölln devenait résidence princière. Chevaliers, fonctionnaires, marchands et courtisans délaissèrent les terres des Hohenzollern en Franconie pour s'établir sur les rives de la Spree.

Lors de la Réforme luthérienne de 1539, le souverain fit séculariser les propriétés du clergé, lesquelles vinrent s'ajouter à ses

d'influence entre cités, chevaliers et princes qui avaient déchiré le royaume de Germanie au Moyen Age. Sous le règne du deuxième prince électeur de la dynastie des Hohenzollern, des heurts éclatèrent entre le patriciat autocratique du conseil de la ville et les bourgeois qui réclamaient d'avoir voix au chapitre. Le peuple implora l'aide de son souverain mais celui-ci profita de ces rivalités pour accroître son propre pouvoir. Le prince fit adopter des amendements constitutionnels d'une portée considérable. Il s'arrogeait la haute main sur le conseil d'administration, soumettant la nomination des conseillers à son aval et récupérant le droit de justice. Il propres domaines. La forteresse s'agrandit d'une aile Renaissance, tandis que s'élevaient les châteaux de Grunewald et de Köpenick, destinés aux plaisirs de la chasse. La fondation d'une *capella* (chorale royale) et l'acquisition de plusieurs tableaux de Lucas Cranach pour la chapelle royale témoignent du raffinement de la cour princière.

La bourgeoisie subissait aussi des bouleversements. La ville se dota de nouvelles écoles ainsi que d'un atelier d'imprimerie et d'une pharmacie. C'est aussi à Berlin qu'eut lieu la première représentation théâtrale. En 1617 paraissait le premier hebdomadaire berlinois.

Les conditions d'hygiène et de logement étaient en revanche déplorables. Ainsi, l'épidémie de peste qui éclata en 1576 fit 4 000 victimes. Il fallut ensuite quarante ans pour que la population retrouve son niveau d'antan, soit 12 000 habitants.

Même si les combats de la guerre de Trente Ans (1618-1648) épargnèrent leur ville, les Berlinois souffrirent cruellement durant ces trois décennies de guerre. Les contributions extraordinaires et la flambée des prix, alliées à la crise du commerce et aux pillages des troupes impériales et suédoises, eurent raison de la prospérité de Berlin. Craignant une offensive suédoise,

Vers la fin de son règne, qui dura près d'un demi-siècle pour prendre fin en 1688, Berlin était transfigurée. Forte de 20 000 habitants, elle s'était agrandie et avait embelli. Elle conservait toutefois un caractère provincial par rapport à des villes comme Paris ou Vienne, laquelle était alors sept fois plus importante.

L'arrivée des huguenots

Le prince électeur édicta une série d'ordonnances qui donnèrent un nouveau souffle à l'économie de la ville. Une réforme fiscale relança le commerce et l'acti-

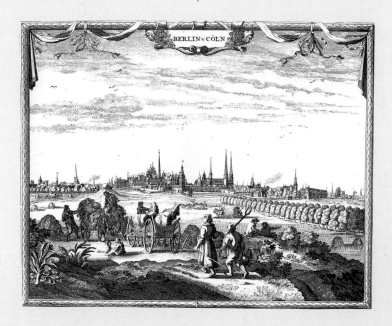

l'un des ministres de l'empereur fit incendier les faubourgs, privant de toit des milliers de personnes. Un document de l'époque fait état d'une recrudescence des suicides et Berlin connut alors un exode massif. A la fin du conflit, la ville royale ne comptait plus que 6 000 âmes. Frédéric-Guillaume de Brandebourg, dit le Grand Électeur, élabora un vaste plan de reconstruction et fit ériger de nouvelles fortifications pour prévenir d'éventuels assauts.

A gauche, Frédéric-Guillaume, le Grand Électeur, reçoit des huguenots français; ci-dessus, Berlin-Cölln en 1729 (gravure de Pieter von der Aa).

vité économique tandis que la construction du canal entre l'Oder et la Spree permettait de relier Breslau et Hambourg par voie fluviale, confortant Berlin dans son rôle de centre d'échanges et de transport.

Le Grand Électeur accorda sa protection et des droits commerciaux presque illimités à 50 riches familles juives expulsées d'Autriche. La communauté juive se vit cependant refuser la construction d'une synagogue et fut pénalisée par un système d'imposition spécifique, puis ses privilèges s'étiolèrent peu à peu. Enfin, au cours du XVIIIe siècle, des mesures de plus en plus restrictives firent fuir toutes les familles juives, à l'exception des plus fortunées.

Quelque 6 000 huguenots trouvèrent aussi refuge à Berlin à la révocation de l'édit de Nantes, en 1685. Ils prirent une large part à la prospérité de la ville grâce à leurs capitaux et à leur expérience économique. Outre leurs compétences techniques et artisanales, ils importèrent un certain art de vivre qui était alors l'apanage de la société française. Les huguenots introduisirent nombre de nouveaux métiers – le tissage de la soie ou la fabrication du verre et du papier – et implantèrent la culture du tabac dans les Marches. Vers 1700, un Berlinois sur cinq était d'origine française.

Une ville royale

Cependant, de mariages en héritages, à force de stratagèmes et de force, les Hohenzollern étendaient leur territoire. Après l'acquisition du duché de Prusse, leur sphère d'influence s'étendit jusqu'à la frontière russe. En 1701, le successeur du Grand Électeur se fit couronner roi de Prusse.

De grands maîtres de l'architecture, tels Schlüter, Nering et Eosander, érigèrent de splendides édifices baroques. Toutefois, les travaux d'extension du Stadtschloss, la construction des châteaux de Charlotten-

D'autres protestants affluèrent par milliers du Palatinat, de Suisse, de Bohême et de la région de Salzbourg. Cette atmosphère cosmopolite contribua à forger la tolérance et l'esprit d'ouverture chers aux Berlinois. La prospérité de la ville à la fin du XVIIe siècle stimula également l'essor de la culture et des sciences : Berlin possédait déjà son quotidien d'information, un collège supervisait les activités des médecins, et l'alchimiste Johann Kunckel découvrit le secret de la fabrication du verre rubis. L'Académie des beaux-arts vit le jour en 1696, suivie, quelques années plus tard, de l'Académie des sciences, qui eut pour premier président le philosophe Leibniz.

burg et de Monbijou, ainsi que celle de l'Arsenal, de l'Académie et des deux cathédrales de la place Gendarmenmarkt, conduisirent le pays au bord de l'asphyxie.

Frédéric-Guillaume Ier, le Roi-Sergent, qui monta sur le trône en 1713, réduisit de quatre cinquièmes le train de vie de la cour. On planta des choux dans le parc de Charlottenburg, et le jardin se mua en terrain d'exercice militaire. Aux yeux du souverain, les arts et les sciences n'étaient que futilités, à l'exception de la médecine. Il fonda la Charité, dont la double vocation d'hôpital et d'institut de recherche faisait un établissement pionnier. C'est à lui que la Prusse doit l'enseignement obligatoire.

Pour financer l'armée, le roi s'intéressa de près à l'économie du pays. Dans un premier temps, Berlin pâtit de la loi de conscription universelle. En deux ans, elle poussa à l'exode 17 000 habitants – des artisans pour la plupart – qui choisirent la fuite au mépris de la peine de mort encourue par les déserteurs. Le roi finit par exempter les Berlinois des obligations militaires. Dès lors, l'essor des nouvelles industries, consacrées en majorité à la fabrication de matériel militaire, entraîna un afflux de main-d'œuvre.

En 1740, l'avènement de Frédéric II marqua le retour de la vie de cour. La ville virent sa mise en œuvre, la population de la ville augmenta de moitié. Avant la guerre de Sept Ans, Knobelsdorff, Gontard et quelques autres avaient déjà entamé la restructuration du centre de la ville en bâtissant l'Opéra, le Berliner Dom et la cathédrale catholique Sainte-Edwige. Ce projet ambitieux se poursuivit à Gendarmenmarkt pour atteindre son apogée avec le réaménagement de la Lindenallee (Unter den Linden), destinée à devenir une avenue de prestige. C'est le successeur de Frédéric le Grand qui la dota d'un imposant monument de style classique : la porte de Brandebourg (1791).

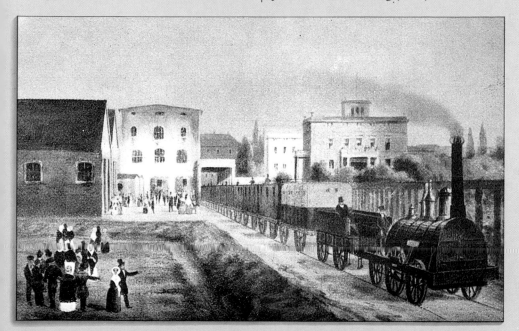

se dota d'un opéra et accueillit concerts et réceptions. Mais cette renaissance des arts ne sonna pas le glas du militarisme. Les victoires de Frédéric le Grand étendirent beaucoup le territoire de la Prusse, qui se hissa au rang de puissance européenne.

La ville des «lumières»

La politique de subventions de Frédéric II stimula de nouvelles activités manufacturières et, au cours des vingt années qui suivirent.

A gauche, Frédéric II passe les troupes en revue ; ci-dessus, la voie ferrée de Potsdam à Berlin vers 1850.

A la même époque, d'illustres intellectuels tels Lessing et le philosophe Mendelssohn, figures de proue du mouvement littéraire des «lumières», contribuaient à faire de Berlin la nouvelle capitale intellectuelle de l'Allemagne. A l'aube de l'ère romantique (cela faisait un siècle que les juifs avaient obtenu les pleins droits civiques en Prusse) les salons juifs devenaient les hauts lieux du «Berlin spirituel». Imitant le modèle français, la noblesse et la haute bourgeoisie berlinoises brassaient les idées libérales.

En 1806, l'armée française infligea de cinglants revers aux troupes prussiennes et ébranla la souveraineté nationale lors des batailles d'Iéna et d'Auerstaedt. Les soldats français franchirent la porte de Brandebourg en vainqueurs. Il s'ensuivit deux ans d'occupation qui ouvrirent la voie à de longues années de suprématie française. Durant cette période couvait un sentiment patriotique attisé par les prêches de Schleiermacher et les discours de Fichte. De son côté, Friedrich Jahn, pionnier de l'éducation physique, entraînait les jeunes gens pour les préparer à repousser l'oppresseur. Les guerres de libération qui éclatèrent entre 1813 et 1815 se soldèrent par la victoire de l'Allemagne.

Les idéaux libertaires véhiculés par la Révolution française trouvèrent un écho en Prusse, acculant le pouvoir absolu à des concessions. Toutefois, au vu des conséquences dramatiques de la Révolution, les forces réactionnaires s'y opposèrent fermement. La bourgeoisie se réfugia dans ses affaires et la vie privée. C'est alors qu'elle inaugura de nouveaux lieux de rencontre, comme les cafés, salons de thé et tavernes.

Dès 1810, Berlin devint une ville universitaire. Plusieurs de ses professeurs allaient devenir célèbres, dont Wilhelm von Humbolt, Fichte, Schelling et Hegel, qui firent rapidement sa renommée. Au bout de quelques dizaines d'années, elle comptait déjà plus de 2 000 inscrits et était le plus grand centre d'enseignement du pays.

Premiers immeubles ouvriers

Le long règne de Frédéric-Guillaume III (1797-1840) se distingua par l'émancipation de la bourgeoisie et le début de l'industrialisation, avec son cortège de bouleversements sociaux, tels l'appauvrissement des masses et l'apparition d'une classe ouvrière. Tandis que Langhans et Schinkel émaillaient la ville royale d'églises et de palais néo-classiques, les faubourgs entraient dès 1862 dans l'ère des *mietskasernen* (littéralement « casernes locatives »), sinistres immeubles ouvriers qui se succédaient sur une enfilade de cours intérieures.

Quelques années avant le couronnement de Frédéric-Guillaume III, la manufacture royale de porcelaine de Dresde inaugurait la première machine à vapeur. Vingt ans plus tard, le premier bateau à vapeur naviguait sur la Spree. A la fin de son règne, les voyageurs pouvaient se rendre de Berlin à Potsdam en train.

L'accession au trône de Frédéric-Guillaume IV (1840-1861) suscita de grands espoirs, mais c'est en vain que le peuple attendit la nouvelle constitution et les réformes sociales promises, malgré l'assouplissement de la censure. Le souverain élabora d'extravagants projets pour embellir sa ville et mit tout en œuvre pour attirer des grands noms de la culture européenne. C'est ainsi que les poètes Rückert et Tieck, le philosophe Schelling et le peintre Cornelius devinrent berlinois. Les frères Grimm se virent offrir l'asile, tandis que Meyerbeer prenait la direction de l'opéra. En 1844, Berlin inaugurait le premier jardin zoologique d'Allemagne (l'actuel Zoologischer Garten de Budapester Strasse).

En même temps, le prolétariat s'accroissait : il représentait la moitié des 400 000 habitants de Berlin. En 1847, la ville dut consacrer 40 % de son budget à l'assistance aux nécessiteux. A plusieurs reprises, des troubles agitèrent la Prusse, et culminèrent avec la révolte des tisserands de Silésie. Au printemps 1848, tandis que la révolution éclatait à Paris puis à Vienne, les ouvriers et les bourgeois de Berlin descendirent eux aussi dans la rue. Les affrontements firent 250 morts, mais la révolution l'emporta. Le roi reconnut le droit de vote et les libertés de la presse, de réunion et d'association.

Pendant plus de six mois, Berlin crut à un avenir meilleur. Les idéaux démocratiques déchaînaient les passions et faisaient la une d'une foule de nouveaux journaux. Mais nationalistes et démocrates se perdirent en querelles stériles qui firent obstacle à toute évolution et paralysèrent la situation. En 1848, le général Wrangel, à la tête des troupes royales, occupa Berlin et rétablit l'ordre. Lorsque la constitution fut enfin adoptée, il s'avéra qu'elle n'accordait que quelques concessions aux libéraux et qu'elle consolidait même la dynastie. Cette constitution, qui répartissait les électeurs en trois classes inégales, resta en vigueur jusqu'en 1918.

Guillaume Ier, premier empereur d'Allemagne, lors d'une réception au palais de Berlin (tableau d'A. von Menzel, 1897).

CAPITALE
DE L'ALLEMAGNE

Au cours de la seconde moitié du XIXᵉ siècle, Berlin se hissa au rang de seconde ville industrielle d'Europe, après Paris. L'usine de Borsig, roi de la locomotive à vapeur, était le fleuron de son industrie. En 1847, l'inauguration de l'usine de télégraphes de Siemens et Halske marquait un tournant dans l'histoire de l'électrotechnique. Siemens est aussi l'inventeur de la dynamo.

Dès le milieu du XIXᵉ siècle, le mouvement ouvrier commença à s'organiser. En effet, des journées de travail de seize heures suffisaient à peine au prolétariat pour survivre dans de sinistres ensembles ouvriers. Aussi l'idéologie socialiste trouva-t-elle un écho grandissant dans les quartiers misérables du nord et de l'est de la ville. En 1863, Ferdinand Lassalle fonda l'Association générale des travailleurs allemands, première organisation ouvrière social-démocrate. Berlin devint le bastion du syndicalisme et le berceau d'un mouvement social-démocrate dont seul Bismarck parviendra à enrayer l'expansion. En 1875, l'Association générale des travailleurs allemands se confondit avec le Parti ouvrier social-démocrate, fondé en 1869 à Eisenach par Karl Liebknecht et August Bebel.

Première capitale de l'Allemagne

A la même époque, la Prusse triomphait du Danemark et de l'Autriche, aux dépens desquels elle accrut ses possessions territoriales. Elle dominait alors la plus grande partie des États allemands au nord du Main, entre la frontière française à l'ouest et la frontière russe à l'est.

Lors de la dissolution de la Confédération germanique (union des États allemands sous la présidence de l'empereur d'Autriche), en 1866, la Prusse ayant éclipsé sa rivale l'Autriche, le rêve de Frédéric le Grand devenait réalité. La même année, Berlin devint capitale de la Confédération

A gauche, l'heure du déjeuner à l'usine Borsig (tableau de Hans Baluschek, 1912); à droite, habitat ouvrier de Prenzlauer Berg.

de l'Allemagne du Nord, qui s'allia aux États du Sud par plusieurs traités. Ainsi s'achevait l'unification d'une Allemagne dont l'Autriche se trouvait exclue.

Cinq ans plus tard, après leur victoire sur la France (1870-1871), les princes allemands offrirent la couronne impériale au roi de Prusse, obéissant à une volonté politique qui exigeait l'unification de la nation allemande en un seul État. Le 18 janvier 1871, au lendemain de la guerre, le nouvel empire d'Allemagne vit le jour dans la galerie des Glaces du château de Versailles. Guillaume Iᵉʳ de Prusse, qui régna de 1861 à 1888, devint le premier

empereur d'Allemagne. C'est toutefois Otto von Bismarck, premier chancelier impérial, qui fut le véritable artisan de cette unité politique. Depuis Berlin, il joua un rôle clef sur la scène politique européenne tout au long de son mandat (1871-1890). C'est ainsi que l'ancienne résidence de la monarchie prussienne de Brandebourg s'éleva au rang de capitale de l'Allemagne impériale.

Les années d'expansion

Forte de ses 826 000 habitants, la nouvelle capitale supplantait, de loin, les autres villes d'Allemagne. Néanmoins, à côté de

Paris ou de Londres, cité cosmopolite entre toutes, Berlin conservait un petit air provincial. La fondation de l'empire, en 1871, brisa les entraves à l'expansion économique et industrielle qu'imposait la politique décentralisée des États.

Galvanisée par les 5 milliards de francs or versés au titre de réparations par la France, l'Allemagne eut tôt fait de rattraper le temps perdu. Entre 1871 et 1873, l'empire, né sur le tard, connut trois années vertigineuses appelées *Gründerjahre* (« années de la fondation »), durant lesquelles une spirale de modernisation technique et économique aspira le pays.

leurs usines, tandis que les bourgeois recherchaient des terrains à bâtir pour leur villa et leur maison de campagne.

Il fallait également loger le flot de main-d'œuvre qui affluait à Berlin des quatre coins de l'empire. A la hâte et à moindres frais, on construisit donc les premières cités-dortoirs. Dans les communautés rurales de la périphérie, les prix des terrains flambèrent : certains propriétaires virent la valeur de leur bien multipliée par cinquante par rapport à l'avant-guerre. C'est ainsi que les cultivateurs de Schöneberg et de Tempelhof se muèrent en rentiers millionnaires.

Le dynamisme économique, dû au progrès scientifique lié à la révolution industrielle, se manifesta en Allemagne plus tard qu'en Grande-Bretagne et en France, mais il n'en fut que plus spectaculaire. Grâce aux commandes de l'État et au remboursement des emprunts contractés durant la guerre, les entreprises virent affluer d'énormes capitaux.

Mais les nouvelles sociétés par actions reposaient souvent sur des bases instables, voire frauduleuses. Faillites et scandales financiers étaient monnaie courante sur les marchés foncier et immobilier en proie à une spéculation féroce. En effet, les entrepreneurs étaient en quête de sites pour

Le krach financier de 1873 et les années de dépression qui suivirent ne parvinrent pas à déprimer le marché foncier, ni à freiner la croissance du secteur de la construction, en raison de la pénurie chronique de logements. Les faubourgs industriels, villages et quartiers résidentiels situés sur les rives de la Spree et de la Havel ne cessaient de s'étendre, convergeant les uns vers les autres pour ne plus faire qu'un. Le Grand Berlin était donc déjà une réalité bien avant 1920, année où les nombreuses communautés rurales et urbaines, dont la population totale atteignait 3,8 millions, fusionnèrent en une même entité administrative et politique.

A la fin du XIXᵉ siècle, Berlin était devenue la première métropole moderne d'Allemagne. Berlin se dota d'un système de canalisations qui permit de faire reculer les maladies infectieuses, tandis que la construction de halles et d'abattoirs centraux améliorait considérablement l'approvisionnement en denrées alimentaires. Pour faire face aux problèmes de circulation engendrés par la formidable expansion du territoire urbain, la municipalité fit aménager des voies ferrées entre le centre et les faubourgs, ainsi qu'une ligne circulaire autour de la ville. Elle fit également construire un réseau de tramways hippo-

nique d'une cinquantaine d'abonnés. Dès la fin du XIXᵉ siècle, voitures et omnibus automobiles commencèrent à éclipser les véhicules à cheval. C'est en 1902 qu'on inaugura la première ligne de métro de Berlin, avec des sections souterraines et d'autres aériennes, entre les stations Warschauer Brücke et Zoologischer Garten.

L'ère wilhelminienne

La mort de Guillaume Iᵉʳ, le 18 janvier 1888 (il était âgé de plus de quatre-vingt-dix ans), inaugura l'« *année des trois empereurs* ». En effet, son successeur,

mobiles et tracer de larges avenues. En 1879, année de la création de la Technische Hochschule (l'actuelle université technique), Siemens et Halske présentèrent le premier tramway électrique. Deux ans plus tard, la commune de Lichterfelde le mettait en service dans son réseau de transports en commun.

Déjà pourvue d'un éclairage public électrique, la capitale de l'Allemagne s'enorgueillissait, en outre, d'un réseau télépho-

A gauche, défilé devant l'empereur Guillaume II pour l'inauguration du Monument national; ci-dessus, femmes manifestant pour le droit de vote en 1912.

Frédéric III, le suivit dans la tombe après un règne de 99 jours. Le fils de ce dernier, Guillaume II, hérita alors de la couronne. Aux premières heures de l'empire d'Allemagne, Guillaume Iᵉʳ avait laissé à Bismarck, le « chancelier de fer », une marge de manœuvre importante. Or le nouveau souverain craignait que la chancellerie n'entrave ses projets. En mars 1890, il contraignit donc Bismarck à se démettre. Empli d'amertume, le « capitaine de la politique allemande » dut quitter le navire. L'empire entrait dans l'ère wilhelminienne, qui vit s'achever la transition de l'Allemagne agricole vers un pays industriel dont le pouls battait à Berlin.

BERLIN SOUS LES BOMBES

Les événements de novembre 1918 annonçaient une révolution, mais ce qui s'ensuivit n'en mérite pas le nom. « *L'empereur était parti, mais les généraux étaient toujours là* », c'est ainsi que Theodor Plivier résumait les contradictions engendrées par la mutinerie de Kiel.

Toujours est-il que, dans un premier temps, une vague révolutionnaire submergea le pays. L'ordre en place depuis si longtemps était sur le point de basculer. Aux quatre coins de l'empire, ouvriers et soldats se constituèrent en comités. Nombre de communes hissaient le drapeau rouge sur le toit des mairies et des casernes. Une « division navale populaire » de 3 000 mutinés déferla sur Berlin. Les marins occupèrent le palais impérial et les écuries royales. Une partie des troupes qui se trouvaient en garnison à Berlin se rallia à leur cause. Épuisé par la guerre qui s'achevait, le peuple défilait au cri de : « *Paix, liberté, pain !* »

Pour endiguer le mouvement révolutionnaire, le chancelier Max de Bade céda les rênes du pouvoir à Friedrich Ebert, président du S.P.D. Les sociaux-démocrates obtinrent la majorité au parlement et le mouvement socialiste ouvrier occupa le centre d'une scène politique où les autres protagonistes ne jouaient qu'un rôle négligeable. Or les clivages qui apparurent au sein du S.P.D. prouvèrent qu'il n'était pas prêt à exercer le pouvoir aussi brusquement. Ralliés à Ebert et Heinrich Scheidemann, certains socialistes étaient favorables à une démocratie parlementaire tandis qu'une fraction dissidente prônait une réforme de l'État selon les principes révolutionnaires. A l'extrême gauche, les militants de la ligue spartakiste étaient convaincus que l'heure était venue de constituer un gouvernement sur le modèle soviétique.

Quelques heures après que Scheidemann eut proclamé la république, Karl Liebknecht, chef des spartakistes, proclama du haut d'un balcon du palais impérial la république socialiste libre. Ainsi, dès le 9 novembre 1918, la gauche allemande se trouvait en proie à des dissensions insurmontables.

Barricades et corps francs

Après le départ en exil de l'empereur, le pays sombra dans le chaos. Dans les centres industriels, les ouvriers manifestaient et bloquaient les routes, tandis que des grèves sauvages paralysaient l'économie. Deux millions de soldats du front occidental revinrent au pays, drapeaux en tête, et beaucoup attribuaient la défaite au « *coup de poignard dans le dos* » des communistes.

La menace d'une guerre civile planait sur l'Allemagne. Le gouvernement provisoire estima nécessaire de prendre des mesures radicales afin de réaffirmer son autorité. Il s'appuya sur les troupes de l'ancienne armée, dont certaines unités s'étaient constituées en corps francs après la démobilisation.

Durant l'hiver 1918, le centre de Berlin se mua en véritable camp révolutionnaire armé. Les marins de la division navale populaire et les brigades communistes patrouillaient dans les rues. A la fin du mois de décembre, Gustav Noske, ministre de la Défense, décida de mettre fin aux troubles et ordonna à ses troupes de faire évacuer le palais impérial. Bilan : 67 morts. Les incidents sanglants se succédèrent et dégénérèrent en conflit général. Le 5 janvier 1919, les militaires dispersèrent une manifestation de masse contre le départ du chef de la police pro-révolutionnaire. C'est alors que la ligue spartakiste, rebaptisée parti communiste allemand (K.P.D.), appela à la grève générale. Des combattants du Front armé rouge élevèrent des barricades près de la porte de Brandebourg ; le quartier de la presse se transforma en forteresse. Mais 3 000 soldats à la solde du gouvernement expulsèrent les spartakistes de leurs repaires.

Karl Liebknecht et Rosa Luxembourg, deux porte-drapeaux de la révolution de novembre, vécurent ensuite dans la clandestinité. Le 15 janvier, les soldats les débusquèrent dans un appartement de Wilmersdorf et les conduisirent à l'hôtel Eden, quartier général de la division d'infanterie, pour y subir un interrogatoire.

La révolution de novembre 1918 : les marins mutins de Kiel se sont emparés du palais.

Durant leur transfert au tribunal de Moabit, leurs gardiens les brutalisèrent avant de les assassiner dans le parc de Tiergarten. Les meurtriers jetèrent le corps de Rosa Luxembourg dans le Landwehr-kanal et s'en tirèrent sans condamnation.

La république de Weimar

La même semaine, les sociaux-démocrates obtinrent la majorité à l'assemblée nationale. Les députés quittèrent alors la capitale en proie à des troubles incessants. Ils se retirèrent à Weimar où, le 11 août 1919, ils promulguèrent la constitution qui porte le

traité trouvèrent parmi les couches conservatrices – fonctionnaires, juristes, hommes d'affaires et universitaires – un terreau fertile.

La république ne pouvait donc pas vraiment s'appuyer sur l'opinion publique, comme en témoigne le coup d'État militaire de Kapp, le 13 mars 1920. Les corps francs de la brigade Erhard, de retour du camp de Döberitz, pénétrèrent dans la ville. Les 6 000 soldats s'emparèrent des bâtiments gouvernementaux et d'autres points stratégiques. L'instigateur du putsch, le baron Walter von Lüttwitz, renversa le gouvernement constitutionnel. Son bras

nom de la ville. Friedrich Ebert devint président de cette république.

Mis au pied du mur par l'ultimatum de la France et de ses alliés, les négociateurs allemands acceptèrent les termes du traité de Versailles. Les puissances victorieuses imposaient un joug pesant à la jeune république. La droite protesta contre le « traité de la honte ». Bien des Allemands estimaient que l'armée avait été « invaincue sur le champ de bataille » ; si leurs premières lignes avaient cédé, c'était à cause des communistes, qui les avaient trompés et leur avaient donné un « coup de poignard dans le dos ». Les protestations de la droite contre les conditions humiliantes du

droit, Wolfgang Kapp, officier supérieur et fonctionnaire conservateur originaire de Prusse orientale, était presque inconnu à Berlin.

Ce ne fut pas l'armée mais les ouvriers qui sauvèrent la république. Le gouvernement et les syndicats décrétèrent la grève générale. Berlin se priva d'eau, de gaz, d'électricité et de téléphone ; postes et banques gardèrent porte close. Au bout de quatre jours, le spectre de la dictature militaire s'était évanoui. Plusieurs tentatives d'assassinats politiques eurent lieu après l'échec du putsch. On les attribua aux membres des corps francs. L'une de leurs victimes fut Walter Rathenau, ancien ministre des Affaires étrangères qui avait négocié avec la France un programme de remboursement en nature des réparations. Ses meurtriers l'abattirent en pleine rue le 24 juin 1922, non loin de sa villa de Grunewald.

Les «années folles»

Folles, les années qui précédèrent le krach de Wall Street, le 25 octobre 1929, le furent à Berlin un peu plus qu'ailleurs. En réalité, les années 20 avaient débuté sous de funestes auspices. Le paiement des réparations de guerre avait provoqué une déva-

La république de Weimar fut une période de contrastes. L'ancienne capitale impériale se mua en métropole capable de rivaliser avec Londres, Paris ou New York. Durant l'entre-deux-guerres, sa population passa de 3,8 à 4,3 millions d'habitants. Cette rapide expansion conduisit à la réforme territoriale d'octobre 1920. La constitution du Grand Berlin donna lieu à maintes controverses ; en effet, du jour au lendemain, le décret multipliait par treize la superficie de la capitale. Les industries s'éloignèrent du centre et les Berlinois délaissèrent leurs sinistres ensembles ouvriers pour la verdure des nouvelles

luation catastrophique et le coût de la vie avait atteint des sommets vertigineux.

En 1914, un dollar américain s'échangeait contre 4,20 reichsmarks, alors qu'en 1922 il fallait 7 500 reichsmarks pour obtenir un dollar. Un an plus tard, l'inflation avait atteint son apogée et le taux de change s'élevait à 4,2 milliards de reichsmarks pour un dollar. Il fallut attendre la mise en circulation du rentenmark, en 1923, pour voir revenir une certaine stabilité.

A gauche, en 1926, le quadrige de la porte de Brandebourg revisité par l'Admiralpalast de la gare de Friedrichstrasse ; ci-dessous, le « Graf Zeppelin » survole Berlin, en 1928.

communautés périphériques. Des sociétés d'intérêt public fondèrent les premières cités modèles de banlieue, comme la Hufeisensiedlung, à Britz.

Dans les années 20, la municipalité de Berlin prit un grand nombre d'initiatives exemplaires. Les efforts inlassables d'Ernst Reuter, responsable des transports, aboutirent à la fondation de la B.V.G. (régie des transports berlinois), le 1er janvier 1929. Elle fit aménager 92 lignes de tramway, 30 lignes d'omnibus et 4 lignes de métro. Pour 20 pfennigs, on pouvait sillonner la ville en tous sens.

C'est également de cette époque que datent le Parc des expositions, la tour de la radio et l'aéroport de Tempelhof, « carrefour aérien de l'Europe ». La ville se dota d'un réseau de tramway (S-Bahn) électrifié et d'édifices dus aux architectes du Bauhaus.

La Babylone des temps modernes

Sous la république de Weimar, Berlin se distinguait par une liberté de pensée et un cosmopolitisme sans précédent, mais aussi par de considérables clivages sociaux. Les tensions politiques extrêmes aiguisèrent les sens et les consciences des Berlinois dans tous les domaines. La conjonction de ces facteurs fit de la capitale de l'Allemagne un centre de l'Europe artistique. Cette Babylone des temps modernes attira les plus grands peintres, architectes, musiciens, cinéastes, journalistes et hommes de lettres du continent. Pour eux, les années folles n'étaient pas un vain mot. C'était le temps du charleston, du shimmy et du jazz, du cabaret et des grandes revues.

Le quartier du Kurfürstendamm devint un haut lieu de la vie nocturne, fréquenté tant par la haute société que par la bohème. Dans cette artère et les rues adjacentes, cinémas, bars, cafés d'artistes et boîtes de nuit foisonnaient. Le café Roman, sur la place de l'église commémorative (Gedächtniskirche), devint le centre de gravité des artistes et de l'intelligentsia.

À Babelsberg, juste à l'extérieur de la ville, la société Universum Film A.G. (U.F.A.) fit construire les plus grands studios de cinéma d'Europe. Il en sortit des œuvres de renommée mondiale, du *Cabinet du docteur Caligari* de Wiene au *Nosferatu le vampire* de Murnau, en passant par *Metropolis* de Fritz Lang. L'actrice polonaise Pola Negri était la vedette du cinéma muet allemand. D'immenses réalisateurs, tels G. W. Pabst, Ernst Lubitsch ou Erich Pommer, tournèrent leurs premiers films à Berlin. Billy Wilder y séjourna comme journaliste. Les studios de l'U.F.A. offrirent à Greta Garbo et à Marlene Dietrich un tremplin qui les propulsa jusqu'à Hollywood. C'est également là que les acteurs Werner Krauss, Emil Jannings, Conrad Weidt et Peter Lorre (*M. le Maudit*) inaugurèrent le cinéma parlant.

Le théâtre connut lui aussi un âge d'or grâce à Max Reinhardt, Erwin Piscator, Leopold Jessner et Jürgen Fehling. Reinhardt, dit le Magicien, fut le premier à mettre en scène les pièces de George Bernard Shaw à Berlin. En 1927, le Theater am Nollendorfplatz (actuelle discothèque Metropol) donnait pour la première fois une pièce de Piscator. Son approche avant-gardiste bouleversa le monde de l'art dramatique, grâce à des techniques telles que le doublage ou des innovations comme celles qu'il mit en œuvre dans *le Brave Soldat Schweik*.

Durant l'entre-deux-guerres, Berlin fut aussi la capitale de la presse et de l'édition avec de grands noms comme Ullstein, Scherl et Mosse. Quelque 150 quotidiens et

hebdomadaires présentaient l'actualité – notamment politique et culturelle – selon les points de vue les plus divers.

Sur les 19 lauréats allemands du prix Nobel sous la république de Weimar, 10 vivaient à Berlin – dont Max Planck et Albert Einstein.

Un personnage «bizarre»

Dans un premier temps, les nationaux-socialistes restèrent plutôt discrets pour une ville de cette importance. La marche sur Berlin prévue par Hitler pour novembre 1923 avorta dès le putsch de la brasserie Bürgerbräu à Munich. En 1927, un rassemblement du parti nazi à Berlin n'attira pas plus de 680 personnes. En 1928, Hitler prononça son premier discours au palais des Sports. Les journaux rapportèrent alors que son auditoire se composait surtout de curieux venus voir ce « *personnage bizarre* ».

La conquête de Berlin ne fut pas chose aisée pour les nazis. Hitler n'appréciait guère cette métropole trépidante et insolente. Il préféra donc s'installer à Munich. Il savait toutefois que l'ascension vers le pouvoir passait par la capitale. En 1926, il envoya son meilleur agitateur sur les bords de la Spree pour y mener la « bataille de

Berlin ». Joseph Göbbels était convaincu que quiconque parviendrait à tenir la rue gagnerait le pouvoir sur la ville. Il concentra donc sa propagande sur les quartiers populaires de Wedding, Kreuzberg et Neukölln. Il organisa l'agression de ses adversaires politiques par les sections d'assaut (S.A.) en chemise brune ainsi que de sanglantes bagarres lors des réunions de parti. Les partisans de Hitler ne remportèrent que 13 sièges sur 225 aux élections

A gauche, manifestation communiste devant la cathédrale, en 1932; ci-dessus, Josef Göbbels, ministre de la Propagande, s'adresse à la foule, en 1931.

municipales de novembre 1929. Mais entretemps, la bourse de New York s'était effondrée, entraînant le monde entier dans une terrible récession qui devait déboucher sur le deuxième conflit mondial.

La montée du nazisme

Les répercussions sociales de la défaite de 1918 et de l'inflation qui s'ensuivit ont engendré une abondante littérature caractéristique de la république de Weimar. Au théâtre, Carl Sernheim et Ödön von Horvath dépeignaient la détresse morale de la classe moyenne. Le roman d'Erich Kästner *Fabian* se déroule sur cette même toile de fond, ainsi que, bien sûr, *Berlin Alexanderplatz* d'Alfred Döblin.

Les dessins satiriques de George Grosz témoignaient avec férocité de la brutalité et de la soif de pouvoir des dirigeants. Heinrich Zille se fit le peintre de la classe ouvrière, des « casernes locatives » et des arrière-cours, tandis que Käthe Kollwitz décrivait en termes réalistes la souffrance des plus démunis. En proie au désespoir, l'Allemagne était un terreau on ne peut plus favorable au nationalisme et à l'antisémitisme.

A la fin de l'année 1929, le pays comptait 2,9 millions de chômeurs, dont 450 000 à Berlin. L'année suivante, lors du scrutin parlementaire, 6,38 millions d'électeurs exprimèrent leur confiance à Hitler. A Berlin, la majorité des sièges échut au parti communiste.

En 1932, le chômage touchait 6 millions d'Allemands, dont 600 000 vivaient dans la capitale. Au sein même du Reichstag, la radicalisation de la droite et de la gauche réduisait à néant la marge de manœuvre des modérés.

Les chanceliers Brüning, von Papen et von Schleicher se succédèrent, puis Hitler s'imposa en tant que chef du parti dominant. Le président, le maréchal von Hindenburg, lui demanda de constituer un « *cabinet de concentration nationale* » avec les nationalistes. Le 30 janvier 1933, Hitler était nommé chancelier. Le soir même, un immense défilé aux flambeaux franchissait la porte de Brandebourg, passait devant la chancellerie et remontait la Wilhelmstrasse. Les photographes n'étant pas là pour immortaliser l'événement, les nazis renouvelèrent ce défilé le lendemain.

Les élections parlementaires suivantes devaient avoir lieu le 5 mars 1933. Une semaine plus tôt, les flammes ravageaient le Reichstag. Cet acte criminel fut-il le fait des nazis ou d'un anarchiste isolé du nom de Van der Lubbe? La question reste sans réponse. En tout cas, l'incendie fournit aux nazis un prétexte pour s'en prendre aux opposants de gauche.

La chancellerie prononça l'interdiction du parti communiste et ordonna l'arrestation et la déportation d'Ernst Thälmann, chef communiste qui allait être assassiné peu avant la fin de la guerre. Malgré leur campagne d'intimidation et leur mainmise

Tempelhof, les S.A. investirent les locaux des syndicats. Le 22 juillet 1933, les nazis déclarèrent le parti socialiste hors la loi, tandis que les autres partis se dissolvaient de leur propre chef. Ils aménagèrent un camp de concentration dans l'immeuble de la Columbia, à Tempelhof, et un autre à Oranienburg, à la périphérie de Berlin. Au cours de sa première année au pouvoir, Hitler fit arrêter 150 000 personnes pour des motifs politiques et les fit déporter dans une centaine de camps de concentration.

Nombre d'opposants au régime, dont de grands artistes et intellectuels, se virent

sur la presse et la radio, les nazis n'obtinrent pas la majorité absolue aux élections. Ils finirent toutefois par y parvenir en privant les 81 communistes de leur mandat. Le S.P.D. fut le dernier bastion de résistance à s'opposer à la loi sur les pleins pouvoirs décrétée le 23 mars 1933. Annulant l'ordre constitutionnel, elle ouvrait à Hitler la voie de la dictature.

Les implications de cette mesure ne tardèrent pas à frapper la population de plein fouet : le 1er avril 1933, les troupes S.S. et S.A. défilaient dans les rues pour appeler au boycott des magasins et des entreprises juifs. Dès le lendemain de la grande manifestation du 1er mai sur l'aérodrome de

contraints de quitter l'Allemagne, et l'exode des juifs commença. Plus de 20 000 livres d'auteurs « non allemands », comme Henri Heine, Thomas Mann et Kurt Tucholsky, partirent en fumée sur la place de l'Opéra, en face de l'université. Josef Göbbels, ministre de la Propagande et de l'Information, orchestrait cette mise au pas.

Le IIIe Reich

A tous ceux qui pensaient que la terreur policière, les autodafés et les persécutions infligées aux juifs n'étaient que des débordements accidentels, les lois de Nuremberg de septembre 1935 prouvèrent qu'ils s'étaient trompés. Les juifs devaient doré-navant rester à l'écart des « *Aryens de sang allemand* », se soumettre aux lois de discrimination et renoncer à leurs droits civiques.

En 1936, les sportifs de tous les pays se rassemblaient à Berlin à l'occasion des XIe jeux Olympiques. Les nazis s'efforcèrent de donner une impression favorable au reste du monde grâce à une organisation sans faille et à des spectacles grandioses. Pendant les jeux, la vie nocturne retrouva un peu de son effervescence d'antan et l'on entendit même retentir les trompettes du jazz. Les pancartes « *Interdit aux juifs* » et

Berlin, le feu ravagea les deux principales synagogues, situées Fasanenstrasse et Oranienburgerstrasse. Les trottoirs du Kurfürstendamm et de Tauentzien Strasse étaient jonchés de verre brisé.

C'est aussi dans les années 30 que Hitler lança de grands travaux destinée à faire de Berlin la capitale d'un « empire millénaire ». Les plans prévoyaient de sacrifier des quartiers entiers pour les remplacer par les nouveaux bâtiments du parti. Un gigantesque boulevard de 7 km de long, dominé par un arc de triomphe, devait parcourir le cœur de la capitale. Il devait déboucher sur une immense halle surmontée d'une cou-

le journal antisémite *Der Stürmer* disparurent provisoirement des rues et des kiosques.

Le 9 novembre 1938, à la suite de l'assassinat, à Paris, d'un diplomate allemand par un jeune juif de Hanovre, Göbbels déclencha la nuit de Cristal, au cours de laquelle des hordes de S.A. et de S.S. dévastèrent les commerces, appartements et lieux de culte juifs dans toute l'Allemagne. A

pole, d'une capacité de 100 000 personnes, à l'emplacement de l'actuelle place de la République. De tous ces projets colossaux, Albert Speer, inspecteur général des constructions, ne devait réaliser qu'un seul, la nouvelle chancellerie de Vosstrasse. La Seconde Guerre mondiale allait empêcher la naissance de Germania – nom choisi par le chancelier pour la capitale du nouvel empire.

A gauche, la porte de Brandebourg, point fort du défilé au flambeau du 30 janvier 1933; ci-dessus, le boycott des commerçants juifs commença en 1933 : « Allemands, défendez-vous ! N'achetez pas chez les juifs ! »

La Seconde Guerre mondiale

Cette fois, contrairement à la veille de la Première Guerre mondiale, aucune foule exaltée ne descendit dans la rue pour manifester son enthousiasme. Le 3 septembre 1939, c'est avec morosité que les Allemands, y compris les Berlinois, accueillirent l'ultimatum britannique adressé au ministère des Affaires étrangères allemand. « *Tout ce que je peux affirmer, c'est que l'ambiance était extrêmement sombre* », écrivait Neville Henderson, ambassadeur de Grande-Bretagne.

Une succession de victoires éclair en Pologne, en Scandinavie et sur le front occidental restaura la confiance, ce qui rendait d'autant plus difficile, voire impossible, d'opposer une quelconque résistance au régime nazi. Le 22 juin 1941, dans la matinée, une fanfare tonitruante troubla le repos dominical des Berlinois. Les programmes de la radio s'interrompirent pour laisser la parole au Führer : il annonça que les troupes allemandes partaient à l'assaut de l'Union soviétique.

La bataille de Berlin

C'est dès l'été 1940, alors que les combats aériens faisaient rage au-dessus de la Grande-Bretagne, que la Royal Air Force lançait ses offensives nocturnes sur Berlin. En 1942, les avions de la R.A.F. bombardaient toutes les grandes villes allemandes. Ce n'est toutefois qu'au cours de l'hiver 1943-1944 que les Britanniques entamèrent la destruction systématique de la capitale avec une série de 16 raids dévastateurs. L'aviation américaine se joignit à la R.A.F. lors de la dernière phase de la bataille de Berlin. Puis les attaques aériennes s'enchaînèrent sans répit jusqu'au milieu du mois d'avril 1945, contre des objectifs tant civils que militaires. Les 360 raids alliés causèrent la mort de 50 000 personnes.

Au lendemain de la défaite de Stalingrad, le 18 février 1943, Göbbels rassembla une foule exaltée au palais des Sports pour lui annoncer la « guerre totale ». Tous les hommes de seize à soixante-cinq ans et toutes les femmes de dix-sept à quarante-cinq ans étaient mobilisés.

A la conférence de Wannsee, en janvier 1942, les délégués S.S. avaient opté pour la « *solution finale à la question juive* »,

signant l'arrêt de mort de tous les juifs du continent. Depuis lors, des trains de marchandises quittaient nuitamment la gare de Grunewald pour des destinations inconnues. En juin 1933, Berlin comptait 160 000 juifs ; 60 000 moururent dans les camps, 90 000 émigrèrent et il n'en restait qu'un peu plus de 7 000 en 1946.

Fin janvier 1945, les troupes soviétiques atteignirent l'Oder aux environs de Küstrin. Elles établirent une tête de pont sur la rive ouest ; leurs premiers chars n'étaient plus qu'à 70 km de la capitale. Cette année-là, les Berlinois passèrent un printemps à l'ombre de l'Armée rouge.

Les bombardements redoublèrent de violence en janvier et février. L'aviation américaine anéantit presque toute la ville. Théâtres et salles de concerts avaient fermé leurs portes. Seuls quelques cinémas étaient encore ouverts. Ils projetaient un film de Veit Harlan intitulé *Kolberg* ; cette fresque propagandiste mettait en scène la résistance de la forteresse de Kolberg contre les troupes napoléoniennes et appelait ainsi les Berlinois à soutenir le siège : il fallait défendre Berlin « *jusqu'au dernier homme, jusqu'à la dernière balle* ».

La bataille de Berlin fit rage pendant douze jours. Dans une ultime tentative désespérée, les nazis envoyèrent enfants et vieillards défendre la ville au lance-roquettes. Jusqu'à la dernière minute, les patrouilles S.S. traquèrent les déserteurs, qu'ils jugeaient sommairement avant de les pendre aux réverbères. Raids aériens et combats de rue coûtèrent la vie à des milliers de Berlinois.

Le 16 avril au matin, les vitres se mirent à trembler à l'est de la ville : sur le front de l'Oder, une salve d'artillerie annonçaient la grande offensive soviétique lancée par 20 000 soldats. Dix jours plus tard, l'Armée rouge cernait Berlin. Le 29 avril, elle s'avançait en trois colonnes convergeant vers la dernière poche de résistance, dans le centre de la ville. L'objectif des Russes était avant tout de s'emparer de la chancellerie et de la redoute du Führer. Le 30 avril, Hitler se donna la mort avec sa maîtresse Eva Braun.

Une semaine plus tard, le maréchal Wilhelm Keitel, commandant en chef des forces allemandes, arrivait à Berlin pour se constituer prisonnier et signer la capitulation sans conditions au nom du IIIᵉ Reich.

En mai 1945, des soldats de l'Armée rouge tirent une salve de victoire du haut de la porte de Brandebourg.

que les Berlinois de l'Ouest durent demander un visa pour se rendre en R.D.A. A l'intérieur de la ville, toutefois, les autres moyens de transport en commun continuaient à circuler et près de 500 000 Berlinois franchissaient encore tous les jours la frontière dans les deux sens.

Après la réforme monétaire, les Berlinois se ruèrent sur les magasins du secteur occidental, où régnait l'abondance. A l'ouest, l'immobilier était en plein essor tandis que les usines tournaient de nouveau à plein. A l'est, en revanche, la pénurie sévissait dans presque tous les domaines. Au sein de l'État « ouvrier et

rue, appelant à la grève générale et réclamant l'augmentation des salaires, la suppression de la frontière entre les zones ainsi que des élections libres. Ils assaillirent les bureaux du S.E.D., pillèrent les magasins d'État et arrachèrent le drapeau rouge qui flottait sur la porte de Brandebourg. A 13 h, les autorités soviétiques déclaraient l'état d'urgence. La police bloqua la frontière avec les secteurs ouest, tandis que, dans les rues de Berlin-Est, les chars russes mataient la révolte. Bilan : 23 morts selon les sources officielles de la R.D.A. Jusqu'à la réunification, en 1990, le 17 juin resta un jour férié – le *« jour de l'Unité alle-*

paysan », ces piètres conditions de vie suscitaient un mécontentement grandissant dans toutes les couches de la société.

La crise atteignit son paroxysme avec la révolte populaire du 17 juin 1953. Le catalyseur des émeutes fut un décret instituant le relèvement des cadences de production sans hausse de salaire. Les ouvriers qui travaillaient sur les chantiers de la Stalinallee (première « grande artère socialiste ») marchèrent sur la maison des Ministères de la Leipzigerstrasse pour demander l'annulation de ces mesures. La rébellion gagna les autres couches de la population berlinoise avant de s'étendre aux autres villes de R.D.A. Les ouvriers descendirent dans la

mande » – dans toute l'Allemagne fédérale, y compris à Berlin-Ouest.

Un sas pour passer à l'ouest

Les chars écrasèrent la rébellion dans le secteur soviétique, mais les Berlinois de l'Est pouvaient encore circuler librement à l'intérieur de la ville. Séduits par le miracle économique, ils déferlaient par centaines de milliers à l'ouest. Au cours des années 50, la R.D.A. connut une hémorragie de main-d'œuvre jeune, parfois très qualifiée, qui menaça de la laisser exsangue.

Le secrétaire général du parti communiste, Nikita Khrouchtchev, vint à la rescousse de la R.D.A. avec son *« offensive berlinoise »*. En novembre 1958, il dénonça l'accord quadripartite et adressa un ultimatum aux Occidentaux, exigeant le retrait de leurs forces dans les six mois afin de faire de Berlin une *« ville libre et démilitarisée »*. Il menaça de négocier un traité de paix séparé avec l'Allemagne de l'Est et de céder le contrôle des couloirs aériens de Berlin au gouvernement Ulbricht. Des pourparlers eurent lieu à Genève entre les quatre grands de mai à septembre 1959. Ils n'aboutirent pas. Au début de l'été 1961, un citoyen de R.D.A. sur neuf avait quitté son pays, les deux tiers via Berlin.

Début août 1961, Khrouchtchev convia Ulbricht, secrétaire général du S.E.D., et les autres dirigeants des pays du pacte de Varsovie à une conférence secrète à Moscou. Il proposa de faire de la limite entre les secteurs occidentaux et orientaux la frontière de la R.D.A., afin de *« permettre une surveillance et des contrôles efficaces »*. Le 13 août, la police est-allemande bouclait la ligne de démarcation entre Berlin-Est et Berlin-Ouest.

Le lendemain, les Berlinois découvrirent une barrière de grillage et de barbelés. Quelques téméraires osèrent encore la franchir mais la plupart, consternés et

Le mur

Au milieu du mois de juin 1961, N. Khrouchtchev et J. F. Kennedy s'étaient séparés sur des positions plus fermement opposées que jamais à l'issue d'une rencontre au sommet à Vienne. Les tensions en Europe et en Asie étaient telles que les États-Unis augmentèrent leur budget de défense de 3,2 milliards de dollars et se lancèrent dans de grandes manœuvres militaires.

A gauche, le 17 juin 1953, Potsdamer Platz, les chars soviétiques écrasent le soulèvement; ci-dessus, l'érection du mur.

impuissants, se contentèrent d'observer cette frontière surgie en une nuit. Elle paralysait définitivement tous les liens entre les deux moitiés de la ville. Durant les semaines qui suivirent, des maçons surveillés de près par la police érigèrent le *« rempart de protection antifasciste »*. Le gouvernement Ulbricht invoquait la défense de la ville contre une éventuelle agression. En réalité, l'unique raison d'être du mur était d'endiguer le flot des réfugiés.

Le mur coupait en deux une métropole grouillante d'activité, au hasard des rues, des lignes de métro et de S-Bahn, des immeubles et même des cimetières. Les dernières lignes de transports publics qui reliaient les deux moitiés de la ville furent mises hors service et les frontaliers se retrouvèrent subitement dans l'incapacité de rejoindre leur lieu de travail.

Une frontière meurtrière

Certains creusèrent des tunnels, plongèrent dans la Spree ou prirent des bateaux en otage, d'autres s'enfoncèrent dans les égouts ou se jetèrent contre le rempart en béton au volant de poids lourds. Mais, au fil des ans, les autorités étendirent le périmètre de sécurité et mirent en place des systèmes d'alarme.

prises de confection quittèrent les rives de la Spree pour Munich ou Düsseldorf, et les sociétés de production cinématographiques délaissèrent Berlin. De nombreuses entreprises transférèrent leur siège à l'ouest de l'Elbe tandis que beaucoup de diplômés et de jeunes ambitieux préféraient tenter leur chance ailleurs. Berlin allait glisser dans le provincialisme.

De l'autre côté du mur, les autorités socialistes aspiraient à faire de la capitale de la R.D.A. un centre culturel et intellectuel. Les dirigeants du S.E.D. s'employèrent à relever l'héritage historique berlinois tout en dotant le centre de gigantesques

Si le premier mur n'était qu'un ouvrage de fortune érigé à la hâte, celui de la « quatrième génération », élevé en 1976, atteignait déjà 5 m de haut. Il se déployait sur 165 km tout autour de Berlin. Du côté est, une barrière de barbelés et de fils électrifiés d'une hauteur de 1,50 m à 2 m délimitait un « couloir de la mort » miné, dont la largeur atteignait 50 m par endroits. La police avait ordre de tirer sur quiconque s'aventurait dans ce couloir.

Le mur fit peser une lourde hypothèque sur l'économie de Berlin-Ouest. Il fallut se rendre à l'évidence : les voies d'accès à Berlin étaient précaires et le territoire urbain n'était pas extensible. Les entre-

bâtiments modernes. De nombreuses entreprises d'État s'établirent à Berlin-Est, où le Parti lança d'ambitieux projets d'aménagement urbain au détriment du reste du pays. Rien ne fut épargné pour offrir une alternative socialiste à la vitrine éblouissante de l'Ouest.

La jeunesse se rebelle

Dans de nombreux pays, les années 1967-1968 se déroulèrent sous le signe de la révolte de la jeunesse. Ce fut le temps des assemblées générales houleuses et des *sit-in* à la Freie Universität, celui des manifestations contre la guerre du Vietnam et des canons à eau sur le Kurfürstendamm. Les émeutes estudiantines firent de Berlin le fief de l'extrême-gauche et des contestataires qui marquèrent les années 70.

Vers la fin des années 60, un vent de renouveau politique souffla sur l'Allemagne. A Bonn, le gouvernement de Willy Brandt prôna l'ouverture à l'est et la reconnaissance de la R.D.A. Les tensions entre les deux grandes puissances s'atténuèrent. La détente passant nécessairement par Berlin, Washington et Moscou entamèrent des pourparlers qui aboutirent à la signature d'un nouvel accord quadripartite en septembre 1971.

maximum. L'installation de représentations permanentes acheva de normaliser les relations entre les deux États.

«Merci, monsieur Gorbatchev»

C'est dans l'allégresse qu'en 1989 Berlin salua enfin la chute du mur. L'ouverture de la frontière était-elle toutefois totalement imprévisible ? Près de la porte de Brandebourg, on pouvait lire, depuis quelque temps, une simple phrase en petits caractères noirs : «*Merci, Gorbi.*» C'est en effet à Mikhaïl Gorbatchev, chef de l'Union soviétique, qu'on doit la *glasnost* et la *pe-*

Celui-ci ne fit toutefois qu'entériner le *statu quo* d'août 1961. Mais l'entente des deux grands ouvrit la voie à un accord inter-allemand qui facilita la vie des Berlinois des secteurs ouest : les autorités de la R.D.A. renoncèrent à contrôler les véhicules sur les autoroutes de transit entre Berlin et le reste du territoire fédéral ; les deux moitiés dc la ville purent à nouveau converser par téléphone et les Berlinois de l'Ouest reçurent l'autorisation de se rendre à Berlin-Est et en R.D.A. pour 45 jours au

A gauche, manifestation d'extrême gauche contre la guerre du Vietnam en 1968; ci-dessus, la démolition du mur.

restroïka – transparence et restructuration. A partir de 1985, cette politique favorisa la prise en compte des intérêts nationaux dans les pays du bloc de l'Est.

Début mai 1989, la Hongrie ouvrit sa frontière avec l'Autriche. Nul n'avait prévu l'ampleur que cette mesure allait prendre. Des milliers de citoyens de R.D.A. en vacances dans le pays «*frère*» en profitèrent pour gagner l'Allemagne de l'Ouest via l'Autriche. Les ambassades de R.F.A. à Budapest et à Prague furent prises d'assaut par les candidats au départ. En dépit du mur et de la sécurité des frontières, l'exode des citoyens des régimes socialistes atteignit des proportions inquiétantes.

En Allemagne de l'Est, un grand nombre de vacanciers manquèrent à l'appel à la rentrée, ce qui perturba l'activité économique. Le mécontentement grondait parmi ceux qui avaient choisi d'attendre : « *Nous restons ! mais à condition que les gérontes s'en aillent* », clamaient-ils. Pendant quelques mois, les dirigeants du S.E.D. continuèrent à faire la sourde oreille. Pourtant, tous les lundis, aux quatre coins de la R.D.A., les manifestants défilaient. Au début, ils n'étaient que quelques milliers, mais leur nombre ne cessa de croître, si bien qu'en octobre ils furent 70 000 à traverser Leipzig.

octobre, le gouvernement annonça la démission de son président, Erich Honecker, après dix-huit années au pouvoir. Il cédait la place à Egon Krenz, surnommé le « *prince héritier* », plus jeune mais encore trop frileux face à la grogne populaire.

La chute du mur

Le 4 novembre, cinq jours avant la chute du mur, plus de 500 000 personnes se rassemblèrent sur l'Alexanderplatz, à Berlin-Est, pour réclamer de vraies réformes et des élections libres. Le gouvernement du S.E.D. ne réagit pas avant le 9 novembre,

Les manifestants de Berlin-Est connurent les premières échauffourées avec la police le 7 octobre, à l'occasion de la visite de Gorbatchev pour les fêtes du 40e anniversaire de la R.D.A. Cependant, la direction du S.E.D. refusait encore la moindre concession. Par la suite, on apprit qu'Erich Honecker, secrétaire général du parti communiste, avait même envisagé de recourir à la « *solution chinoise* », répression sanglante à l'image de celle de la place Tien Anmen quelques mois plus tôt. Mais rien ne pouvait plus enrayer la chute du régime moribond. Des centaines de milliers d'Allemands de R.D.A. scandaient le slogan : « *Nous sommes le peuple !* » Le 18

lorsque l'autorisation pour tous les ressortissants de la R.D.A. de voyager librement à l'étranger fut annoncée. Cette mesure provoqua, dans la nuit du 9 au 10, l'afflux de milliers d'Est-Allemands vers les postes frontières. Déconcertés, les gardes laissèrent passer tout le monde.

La porte de Brandebourg, symbole traditionnel de l'unité allemande, s'ouvrit juste avant Noël 1989. Depuis des semaines, toutes les grandes chaînes de télévision du monde attendaient cet instant. Les fêtes du nouvel an 1989-1990 sur ces lieux chargés d'histoire se muèrent en immense nuit d'ivresse populaire, non sans conséquences tragiques. Le quadrige qui surmonte le monument subit des dégâts et une partie des échafaudages s'écroula sous le poids des spectateurs.

Après de longues années d'inactivité, le métro reprit du service, mais le réseau de transports en commun eut du mal à absorber le flot des voyageurs car des milliers de visiteurs de R.D.A. déferlaient sur la capitale. Les grands magasins virent leurs ventes s'envoler.

La lune de miel qui suivit la chute du mur réserva pourtant bien des déceptions. La joie et l'émotion firent vite place à la réalité, à l'envie et à l'incompréhension. *« Il faudra bien plus longtemps pour sup-*

primer le mur dans les têtes que pour démanteler l'ouvrage en béton », avait dit l'écrivain Peter Schneider en 1982. Quoi qu'on en dise, les habitudes et les comportements sociaux des Berlinois de l'Est et de l'Ouest continuent à différer. Il faudra probablement attendre des années avant que les clivages ne s'estompent. Jusqu'à l'union monétaire de juillet 1990, les habitants de l'Ouest allaient profiter avec ostentation des « dernières soldes avant liquidation » à

A gauche, l'Europa Centre : centre de commerce, d'affaires et de loisirs sous le même toit ; ci-dessus, autocar au décor plein d'optimisme.

Berlin-Est. Quant à ceux de l'Est, ils déferlaient sur les magasins occidentaux, raflant tout ce que leurs économies leur permettaient d'acheter.

Après des années de partition, les Berlinois s'y étaient habitués. La chute du mur, le 9 novembre 1989, les a surpris et il leur faudra du temps pour s'en remettre. Quarante ans de systèmes sociaux et éducatifs différents ainsi que vingt-huit ans d'isolement presque total ont laissé des marques profondes. Berlin réunifiée refuse de se cantonner au rôle de « capitale d'une grande Allemagne » et lutte pour retrouver son identité de métropole européenne.

Berlin demain

Après l'euphorie des premières semaines, le pragmatisme et la raison ont repris le dessus. Le 2 décembre 1990, les Berlinois élurent pour la première fois leurs représentants au Bundestag et la Chambre des députés du parlement du *Land* de Berlin. Depuis, une administration conjointe tente de faire face aux multiples problèmes que la réunification a soulevés.

Réaliser la fusion des deux parties de la ville n'est pas une tâche aisée. La capitale est un vaste chantier en raison du transfert du gouvernement, prévu pour l'an 2000. Ainsi la Potsdamer Platz, centre géographique de la ville, est-elle en passe de devenir le plus grand carrefour d'Europe, comme pendant l'entre-deux-guerres. Des chantiers gigantesques s'y étendent en vue d'accueillir le siège de plusieurs sociétés, la cinémathèque et plusieurs ensembles commerciaux et résidentiels. L'Alexanderplatz et la gare du Zoo ne sont plus que de grandes places berlinoises parmi tant d'autres. Le nouvel arrondissement de Mitte, qui s'étend entre Friedrichstrasse, Unter den Linden et Leipzigerstrasse, a suscité de nombreux projets immobiliers, dont certains sont encore à l'état d'ébauche tandis que d'autres sont achevés. Quoi qu'il en soit, ils n'ont pas encore réussi à donner au centre de la ville la personnalité qui lui manque.

Depuis quelques années, l'essor de l'immobilier anticipe sur le transfert du gouvernement à Berlin. De nombreux investisseurs allemands et étrangers ont tablé sur cette date clef, prenant d'énormes risques. Quant aux Berlinois, ils cristallisent leurs espoirs sur l'avenir de leur ville redevenue capitale.

LES BERLINOIS

Rencontrer un vrai Berlinois n'est pas chose facile. A Berlin, en effet, plus d'un habitant sur deux est né sous d'autres cieux. Dès 1822, Henri Heine écrivait : « *Berlin n'est pas une ville ; c'est simplement un lieu qui rassemble une multitude de gens, intelligents pour la plupart, et qui se moquent complètement de l'endroit où ils sont.* »

Deux ans plus tôt, un autre auteur avait écrit : « *Il est très difficile de rencontrer un Berlinois de pure souche ; la ville est remplie d'étrangers qui forment un mélange très coloré.* »

Les statistiques mettent en évidence la mobilité des Berlinois. Selon certaines estimations, sur 3,5 millions d'habitants, à peine la moitié sont nés sur place, tandis que 130 000 ont leur résidence principale ailleurs que sur les rives de la Spree.

Berlin, terre d'asile

Les premiers colons firent leur apparition à Berlin aux XIIIe et XIVe siècles : ils venaient d'une zone située entre le massif du Harz et la forêt de Thuringe, région d'origine des Ascaniens, ainsi que du Bas-Rhin et des Flandres. Selon toute vraisemblance, l'ancien nom de Cölln viendrait de celui de Kölln (l'actuelle Cologne, Köln en allemand).

Le siège des princes électeurs du Brandebourg connut un afflux important de nouveaux arrivants hollandais vers la fin du XVIe siècle. Berlin cherchait déjà à encourager l'immigration pour remédier à la pénurie chronique de main-d'œuvre. Puis vint la peste, qui décima 12 000 Berlinois, et la guerre de Trente Ans (1616-1648), qui laissa la ville exsangue.

Sans les vagues d'immigration des XVIIe et XVIIIe siècles, Berlin ne serait peut-être qu'une bourgade perdue au fin fond du Brandebourg. Les réfugiés étaient pour l'essentiel des huguenots et des vaudois (qu'on surnommait les « pauvres de

Pages précédentes : départ du marathon de Berlin, devant la porte de Brandebourg, dans l'arrondissement de Tiergarten. Ci-contre : un philosophe berlinois.

Lyon ») venus de France, des frères moraves de Bohême ainsi que des protestants de Salzbourg, en Autriche. Des Suisses et des juifs vinrent compléter ces cohortes d'immigrants sous Frédéric II (1740-1786).

L'essor industriel que connut Berlin sous l'empire d'Allemagne, proclamé en 1870, attira des paysans issus de Pologne, de Silésie, de Poméranie et de Prusse orientale. Après la Seconde Guerre mondiale, des réfugiés fuyant les territoires sous contrôle soviétique affluèrent, ainsi que des travailleurs immigrés venus du monde entier, bien que les Turcs soient particulièrement nombreux.

Il est difficile, par conséquent, d'établir un portrait-robot des Berlinois. Pour Goethe, voyageur impénitent, les habitants des bords de la Spree appartenaient à une « *race d'hommes audacieux* ». Malgré son isolement géographique (Berlin était fort éloignée de l'Allemagne civilisée et romanisée des rives du Rhin) et l'âpreté de son climat, la ville offrait un refuge aux immigrants, dont beaucoup avaient subi toutes sortes de persécutions et de malheurs. Berlin leur permettait d'envisager un nouveau départ.

Dans son livre *Deutschland, deine Berliner* (« Allemagne, tes Berlinois »), Dieter Hildebrandt écrivait : « *La ville recelait d'innombrables possibilités ; c'était un véritable mont-de-piété où l'on pouvait se racheter une existence. Ce qu'on y négociait, c'était l'avenir. On pouvait faire des projets sans avoir à décrocher la lune. Des chances s'offraient à tous ceux qui savaient les déceler.* »

Entre la fin de la Seconde Guerre mondiale et la construction du mur, en 1961, Berlin-Ouest accueillit de nombreux Allemands qui fuyaient la zone d'occupation soviétique, devenue république démocratique d'Allemagne en 1949. De surcroît, avec l'aide de l'Agence fédérale pour l'emploi, la municipalité fit venir de R.F.A. 370 000 travailleurs supplémentaires. Les deux tiers de ces « Wessis » (Allemands de l'Ouest) s'établirent définitivement à Berlin. Ils se considèrent aujourd'hui comme de vrais Berlinois.

Dans les années 60, des Grecs, des Italiens, des Yougoslaves et des Turcs vinrent s'installer à Berlin-Ouest, tandis que la capitale est-allemande accueillait une main-d'œuvre venue des autres régions de R.D.A. et des « pays frères ».

« Pourquoi la tour de télévision d'Alexanderplatz est-elle si haute ? C'est pour que les Saxons puissent repérer plus facilement les logements vacants ! » Les plaisanteries de ce genre font beaucoup rire les Berlinois.

La ville compte plus de 12 % d'étrangers (dont un tiers de Turcs), tandis qu'un quart des enfants de moins de six ans sont nés de parents qui ne sont pas allemands. Certes, les difficultés que cette cohabitation suscite ne s'expriment pas toujours sur le mode de la plaisanterie.

Berlinois ne mâchent pas leurs mots et il leur arrive souvent de mettre les pieds dans le plat.

La douceur de vivre

Les berlinois sont aussi connus pour leur goût des plaisirs et pour leur joie de vivre. Au XIXe siècle naquit la société des bals, qui gravitait autour de lieux comme le Resi, le Walterchen ou le Seelentröster. Les faubourgs abritaient des lieux de divertissement populaires comme la Neue Welt à Hasenheide ou le Krolls au Tiergarten. Dans ces établissements, la

Parmi les qualités qu'on attribue traditionnellement aux Berlinois, on peut citer la tolérance envers les étrangers de toutes nationalités. Étant donné que la moitié des Berlinois vivent dans cette ville sans en être originaire, affubler les nouveaux venus de surnoms péjoratifs n'est pas leur exercice préféré.

La plupart des hommes politiques en fonction à Berlin sont originaires du reste de l'Allemagne. Sont berlinois tous ceux qui ont élu domicile dans cette ville et qui en apprécient le charme. A condition toutefois de comprendre l'esprit de ses habitants : il faut se faire à leur langue acérée et accepter leur humour décapant. Les

musique, la danse et le théâtre étaient à l'honneur.

Les Berlinois, comme d'ailleurs les Allemands en général, aiment la nature. Mais, dans une aussi grande ville, ils doivent se contenter de faire pousser des fleurs sur leurs balcons et de garnir de plantes vertes les appuis de leurs fenêtres. Le dimanche, ils ne renonceraient pour rien au monde à une excursion à la campagne. Au bord de la Havel, les amateurs de pique-nique retrouvent chaque semaine leur emplacement de prédilection pour y déployer leur panoplie : boulettes de viande, salades de pommes de terre, bière et, le cas échéant, jeu de cartes pour une partie de *skat*. Invariablement, la journée se termine par une visite au café le plus proche.

On ne compte plus le nombre d'établissements qui ont ouvert autour de l'ancien mur. Le temps est fini où l'on pouvait simplement acheter de l'eau chaude pour son café tout en mangeant des gâteaux faits à la maison. Mais on peut commander une *weisse mit schuss*, bière blanche agrémentée en général de sirop de framboise.

Le sens de la repartie

Les Berlinois sont célèbres – et parfois redoutés – pour leur vivacité d'esprit et lut dénoncer les paroles infamantes d'un ivrogne. L'empereur ne voulut pas donner suite à l'affaire et répondit au délateur par un billet lui conseillant de « *s'enivrer à son tour* ».

Au milieu du XIXᵉ siècle, l'écrivain Adolf Glassbrenner décrivait l'atmosphère des cafés, qui venaient de faire leur apparition dans la métropole et servaient d'exutoire à une partie du peuple (dont l'insatisfaction allait déboucher, quelque temps plus tard, sur la révolution de mars 1848) : « *Seuls les officiers mangent des pâtisseries parce qu'ils aiment cela. En général, les Berlinois commandent des gâteaux pour*

pour leur goût du sarcasme. Ils aiment se moquer des autres et de tout ce qui fait obstacle à leur soif de liberté. Leurs élus, qui font partie de leurs cibles favorites, ont toujours eu beaucoup de mal à se faire respecter.

Frédéric II, qui avait pris la sage décision d'exempter les Berlinois de la conscription, ignorait délibérément les plaisanteries qui circulaient sur son compte. Dans une lettre, l'un de ses sujets vou-

A gauche, deux représentants de la nouvelle génération ; ci-dessus, un petit coin de paradis dans une arrière-cour de l'arrondissement de Wedding.

pouvoir lire le journal ; c'est d'ailleurs la seule raison pour laquelle la plupart d'entre eux fréquentent les cafés, en l'absence d'autres lieux publics. Mais, le vin aidant, ils ne peuvent dissimuler longtemps leur véritable nature. Le critique et l'humoriste ont du mal à contenir leur enthousiasme. En moins d'une heure, on oublie les journaux pour se lancer dans une discussion de plus en plus chaleureuse et animée. Les plaisanteries fusent et la soif de liberté ne connaît plus de bornes. Les bouchons de champagne s'envolent joyeusement, tout comme l'âme des Berlinois, libérée des conventions et de la tyrannie policière... »

LES MUSÉES

A l'instar de maintes institutions berlinoises, nombre de musées existaient en double exemplaire. Chaque moitié de la ville revendiquait l'administration du patrimoine culturel prussien. Ainsi, la capitale de la R.D.A. avait entrepris de réaménager l'île des Musées, tandis qu'à Berlin-Ouest une loi donnait naissance à la Fondation du patrimoine culturel prussien (Stiftung Preussischer Kulturbesitz) en 1956. Le démantèlement du mur a sonné le glas de cette rivalité. Aujourd'hui, les musées relèvent d'une seule administration, les Musées nationaux de la ville de Berlin (Staatliche Museen zu Berlin-Preussicher Kulturbesitz).

Berlin compte quatre grands pôles muséologiques : l'île des Musées, Dahlem, Charlottenburg et le récent Kulturforum (Forum culturel) du Tiergarten.

Mais on y trouve aussi une foule d'établissements plus modestes, consacrés par exemple à la vie des quartiers, au sucre ou à des artistes en particulier, comme Georg Kolbe ou Käthe Kollwitz. Sans oublier les nombreuses expositions (sur l'écologie, l'histoire des postes, le mur, la résistance allemande sous le IIIe Reich, etc.) ou encore le Musée antimilitariste (Anti-Kriegsmuseum). Le jour de fermeture est le lundi pour les musées nationaux de la ville de Berlin.

L'île des Musées

Quel que soit le temps dont on dispose, une visite de l'île des Musées s'impose. Il s'agit de l'Altes Museum (Ancien Musée), de l'Alte Nationalgalerie (Ancienne Galerie nationale), du Bodemuseum (musée Bode) et du Pergamonmuseum (musée de Pergame). Quant au Neues Museum (Nouveau Musée), très endommagé durant la Seconde Guerre mondiale, il devrait rouvrir ses portes au début du XXIe siècle et accueillir le Musée égyptien.

Le **musée de Pergame**, qu'on doit à l'architecte Alfred Messel, renferme trois

Reproductions de la tête de Néfertiti, dont l'original est conservé au Musée égyptien de Charlottenburg.

A voir également, le **musée de la Poste** (Museum für Post und Kommunikation) de Leipzigerstrasse. On peut y admirer une riche collection de timbres. (Il est fermé pour travaux jusqu'en 1997.)

Non loin du Köllnischer Park, le **musée de la Marche** (Märkisches Museum) retrace l'histoire de la région de Berlin, des origines à la fin des années 80.

Dahlem

L'immense complexe de Dahlem rassemble sous un même toit la Galerie de peinture (Gemäldegalerie), qui devrait déménager

effet, des analyses ont permis de conclure que *l'Homme au casque d'or*, l'un des tableaux les plus estimés du maître, était en réalité l'œuvre d'un de ses élèves. Seule la date, 1650, fait l'unanimité. Quoi qu'il en soit, la **Galerie de peinture** (Gemäldegalerie) conserve 21 autres toiles du maître dont l'authenticité ne fait aucun doute.

Outre les Rembrandt, la galerie de peinture offre un panorama de la quasi-totalité des écoles occidentales jusqu'au début du XIXᵉ siècle. Giotto, Mantegna, Botticelli, Raphaël et Titien y représentent l'Italie, tandis qu'Albrecht Dürer, Lucas Cranach et Hans Holbein donnent un aperçu de la

en 1998 pour le Kulturforum, la Collection de sculptures (Skulpturensammlung), le musée d'Art byzantin et paléochrétien (Museum für Spätantike und Byzantinische Kunst), qui pourraient tous deux déménager pour le musée Bode, le musée d'Art indien (Museum für Indische Kunst), le musée d'Extrême-Orient (Museum für Ostasiatische Kunst), le musée d'Art islamique (Museum für Islamische Kunst), le musée d'Ethnographie (Museum für Völkerkunde) et le musée des Arts et Traditions populaires (Museum für Volkskunde).

Depuis quelques années, on sait que Berlin conserve… un faux Rembrandt! En

Renaissance et du gothique allemands. On peut y contempler des toiles des Flamands Rogier van der Weyden, Hugo van der Goes, Pieter Breughel, Vermeer, Frans Hals et Pierre-Paul Rubens. Sans compter Antoine Pesne, l'un des maîtres du rococo français, et Le Gréco, qui illustre la fin de la Renaissance espagnole. Dans l'une des salles, on découvre les *Proverbes néerlandais*, célèbre tableau de Breughel l'Ancien réalisée vers 1560.

La **Collection de Sculptures** (Skulpturensammlung) jouxte la Galerie de peinture. Les pièces les plus anciennes de cette collection, qui font partie du patrimoine artistique de Prusse, datent du milieu du XVIIᵉ siècle. Dès 1830, on pouvait les contempler à l'Altes Museum, jusqu'à leur transfert en 1904 dans les salles du **musée de l'Empereur Frédéric** (Kaiser-Friedrich-Museum, ancien nom du musée Bode) consacrées à la sculpture. Quantité de chefs-d'œuvre mis en lieu sûr pendant la Seconde Guerre mondiale réapparurent à l'ouest.

La Renaissance, le baroque et le rococo ne sont pas les seules époques qui ont droit de cité à Dahlem. En effet, on peut y admirer une collection d'art byzantin ainsi que de multiples pièces médiévales (dont une partie du retable de Münnerstadt, sculpté par Riemenschneider).

ments : Afrique, Amérique précolombienne, Extrême-Orient, Océanie et Asie du Sud. C'est en 1873 qu'on a réuni sous un même toit les vestiges de ces civilisations lointaines, dont certaines ont depuis longtemps disparu. Dans l'une des salles, on a reconstitué la maison des hommes du village des îles Palau, dans le Pacifique. Les innombrables poupées et masques multicolores feront la joie des plus jeunes.

La fondation du **musée d'Art asiatique** remonte à 1906. C'est aujourd'hui un musée à part entière, doté d'une abondante collection de céramiques, laques et bronzes chinois, japonais et coréens.

Le **musée d'Art islamique** (Museum für Islamische Kunst), qui est accessible par la Lansstrasse, n'existe que depuis 1904. Il montre l'évolution de l'islam de ses origines (VIIᵉ siècle apr. J.-C.) au XIXᵉ siècle sous l'angle de la peinture et des arts décoratifs. Tapis, étoffes, verrerie, céramique, émaux, miniatures, etc., content l'histoire de la religion musulmane au fil des siècles.

A la même adresse, le gigantesque **musée d'Ethnographie** (Museum für Völkerkunde) regroupe cinq départe-

A gauche, l'immeuble Martin Gropius, à côté de la gare d'Anhalt ; ci-dessus, le musée Bode, situé sur l'île des Musées.

Avec ses 15 000 pièces, le **musée d'Art indien** (Museum für Indische Kunst) est le plus grand musée d'art indien du monde germanophone. Bronzes, rouleaux peints, ivoires, verrerie, objets précieux en bois, miniatures : tous ces trésors venus d'Inde, de Birmanie, du Cambodge et de l'ancien Turkestan oriental ne peuvent que captiver le visiteur.

A Dahlem toujours, un bâtiment distinct situé Im Winkel 6-8 abrite le **musée des Arts et Traditions populaires** (Museum für Volkskunde). Fondé en 1889 par Rudolf Virchow et intégré aux musées nationaux de Berlin en 1904, il porta le nom de musée du Folklore allemand jusqu'en 1935.

du Forum culturel (Museen der Europäischen Kunst am Kulturforum), dont le nom n'est pas encore définitivement choisi et qui devraient ouvrir en 1997.

De l'autre côté de la rue, un édifice de 1984 abrite le **musée des Instruments de musique** (Musikinstrumenten Museum). Ses merveilleuses pièces, des plus anciennes au grand orgue de cinéma de Wurlitzer, ont connu un parcours mouvementé après la guerre, avant de prendre place au Kulturforum.

En suivant le Landwehrkanal vers l'ouest, on découvre la silhouette du **musée du Bauhaus** (Bauhaus-Archiv). Dans les

années 20, cette célèbre école d'architecture, d'arts plastiques et d'arts appliqués de Dessau permit la rencontre entre des enseignants d'avant-garde et des élèves pour qui l'art et la technique ne faisaient qu'un. L'établissement présente des documents pédagogiques ainsi que des travaux réalisés par des élèves et des professeurs du Bauhaus : Walter Gropius, Mies van der Rohe, Vassili Kandinsky, Paul Klee, Breuer, Itten et bien d'autres.

Inauguré en novembre 1996, le **musée d'Art contemporain** de Berlin (Museum für Gegenwart Berlin), qui est installé dans l'ancienne gare de Hambourg, Invalidenstrasse 50-51, présente l'art des trente der-

nières années sur une surface d'environ 8 000 m^2.

Mais encore...

C'est à Zehlendorf que se dresse le petit **Brücke-Museum**. Il rassemble les œuvres d'expressionnistes allemands (Schmidt-Rottluff, Ernst Ludwig Kirchner, etc.) qui furent à l'origine du mouvement Die Brücke (le Pont). L'établissement vit le jour grâce à Schmidt-Rottluff, qui fit don de 74 de ses œuvres.

Le **musée des Transports et des Techniques** (Museum für Verkehr und Technik) a ouvert en 1983 dans un ancien entrepôt frigorifique de Kreuzberg. Il perpétue une tradition berlinoise vieille de quatre siècles, car la capitale de l'Allemagne a toujours accordé une place de choix aux expositions scientifiques et techniques. Des objets et installations de plusieurs époques retracent l'évolution des transports routiers et ferroviaires, de la navigation, de l'aviation, de l'imprimerie et de toutes les techniques.

A Kreuzberg toujours, ceux qui veulent en savoir plus sur l'histoire de la ville pourront visiter à partir de 1998, date de sa réouverture après travaux, le **Berlin-Museum**. L'édifice baroque construit en 1735 pour abriter le tribunal de la cour renferme aujourd'hui maquettes, cartes, meubles, costumes, gravures, bustes, porcelaines et objets usuels par centaines.

Un **Musée juif** (Judisches Museum) devrait ouvrir ses portes vers l'an 2000, Lindenstrasse, dans une annexe du Berlin-Museum, grâce à un agrandissement du palais baroque de Gerlach (1735).

La **Galerie berlinoise** (Berlinische Galerie) établie dans le Martin-Gropius-Bau, non loin de la gare d'Anhalt, conserve un ensemble de tableaux et de photographies anciennes réalisés par des artistes berlinois ou consacrés à la ville.

Le nouveau **musée de la Technique** de Trebbiner Strasse, grand bâtiment de verre qui inclut l'ancienne gare de marchandises d'Anhalt, devrait être l'un des plus importants du monde dans son domaine.

A gauche, l'homme qui donna à Berlin son apparence néo-classique : Karl Friedrich Schinkel, devant l'Alte Museum dessiné par lui ; à droite, la collection de porcelaines du château de Charlottenburg.

renom : on peut citer, entre autres, le
chœur de la Philharmonie, celui de la
cathédrale Sainte-Edwige ou encore celui
de l'Oratoire de Berlin, ainsi que l'ancien
chœur de chambre de la R.I.A.S. (Radio
im Amerikanischen Sektor), sans compter
une foule d'autres chorales et ensembles
vocaux.

Toutes ces formations s'inscrivent dans
la tradition de la Singakademie, académie
de chant ouverte en 1791. C'est par
exemple dans le cadre de cette vénérable
institution qu'en 1829 le jeune Felix
Mendelssohn-Bartholdy fit redécouvrir
Jean-Sébastien Bach au public en repre-
nant la Passion selon saint Matthieu.

Le talent musical de Berlin ne fut pas
toujours exploité pleinement, car la ville
dut d'abord s'adapter à sa nouvelle vocation de capitale. Malgré leurs bonnes
intentions, ses édiles n'avaient pas toujours les compétences nécessaires pour
promouvoir les artistes qui le méritaient.
Ainsi, la première triomphale du Frei-
schütz au Schauspielhaus, en 1821, fut un
jalon important dans l'histoire de l'opéra
romantique, sans assurer pour autant une
brillante carrière au compositeur Carl
Maria von Weber. En effet, tout à son
admiration pour le compositeur italien
Spontini, le roi ne fit rien pour retenir
Weber à Berlin. Mais Weber n'était pas le
premier musicien à aller chercher la gloire
hors de sa patrie.

L'orchestre philharmonique de Berlin,
fondé en 1882, a d'abord dû son rayonnement mondial à Hans von Bülow, Arthur
Nikisch et Wilhelm Furtwängler. Puis, dans
les années 70, grâce au talent et au charis-
me de Herbert von Karajan, il s'imposa
comme l'un des meilleurs orchestres du
monde.

Toutefois, l'orchestre symphonique de la
Radio, dirigé successivement par Fricsay,
Maazel et Riccardo Chailly, est un rival de
taille. Il se distingue du précédent, réputé
conservateur, par son ouverture aux nouvelles tendances, notamment à la musique
d'avant-garde.

Cet intérêt des Berlinois pour l'innovation et la modernité a fait de leur ville
l'une des capitales culturelles les plus fasci-
nantes du monde dans les années 20.
Aujourd'hui encore, il leur permet de rester ouverts à toutes les expériences originales.

A l'avant-garde de la musique

Le public berlinois, très mélomane, est
constamment à la recherche de sonorités
inédites. En 1974, il accueillit avec enthousiasme le premier festival de « méta-
musique » : trente concerts reflétant les
dernières évolutions musicales aux quatre
coins du monde, du Tibet à la Californie.

L'école des Beaux-Arts et le Centre
artistique béthanien permettent aux inven-
teurs de tous les horizons d'explorer les
limites de leur art et de lutter contre la
routine et l'immobilisme. C'est ce qui fait
la force de la vie musicale contemporaine

à Berlin : dès qu'une institution commence
à se reposer sur ses lauriers, une autre
vient la remettre en question et apporter
un regard neuf.

Par exemple, peu de temps après son
installation à la Philharmonie, le festival
de jazz devint le deuxième du monde après
celui de Newport, aux États-Unis. C'est
alors que le Workshop Freie Musik (« atelier de musique libre ») fit son apparition
au Quartier latin, prenant la relève des
Berliner Jazztage.

Quant à la musique sérielle, à peine
avait-elle trouvé grâce aux oreilles de
quelques auditeurs que le groupe Neue
Musik entrait en scène, montrant qu'une

formation plus réduite pouvait offrir une approche différente, plus originale.

Rivalité est-ouest

Le paysage théâtral berlinois offre une grande diversité. Plus de quarante années de partition ont engendré deux univers distincts, ce qui s'est traduit par un enrichissement de la production dramatique. Après la Seconde Guerre mondiale, chaque moitié de la ville s'efforça d'affirmer son autonomie – voire sa supériorité – culturelle : cela faisait partie de la rivalité entre les deux systèmes.

grâce à Frank Castorf. En 1993, les critiques dramatiques l'ont élu théâtre de l'année.

Après la guerre, on construisit dans la Schaperstrasse, à Berlin-Ouest, la Freie Volksbühne, pour y présenter des spectacles de même niveau. Ce théâtre, qui avait ouvert ses portes en 1963, a dû fermer juste après la réunification en raison de son manque de rentabilité et d'une importante baisse de fréquentation. Depuis 1993, on y donne des comédies musicales.

Autres hauts lieux de l'univers théâtral berlinois : le Maxim-Gorki-Theater et le

Le théâtre du Peuple (Volksbühne), situé dans l'ancien secteur oriental, est devenu célèbre dans les années 20. On y jouait des pièces de Gerhart Hauptmann, d'August Strindberg et de Henrik Ibsen qui étaient interdites sous Guillaume II. Erwin Piscator, fondateur du « théâtre prolétarien », en fut le premier directeur. Après des années d'engourdissement, l'illustre établissement de la Rosa-Luxemburg-Platz a renoué avec le succès

A gauche, la Volksbühne, Rosa-Luxemburg-Platz ; ci-dessus ballet sur la scène du Theater des Westens, réputé pour ses comédies musicales.

Deutsches Theater. Ce dernier, le plus traditionnel de tous, devint l'une des toutes premières scènes allemandes dans les années 20, sous la houlette de Max Rheinhardt. Son directeur actuel, Thomas Langhoff, compte parmi les hommes de théâtre les plus en vue.

Les noms de Bertolt Brecht et de Kurt Weill sont définitivement liés à l'histoire de Berlin. La première de *l'Opéra de quat'sous* au Theater am Schiffbauerdamm (c'est le premier nom du Berliner Ensemble), en 1928, est restée gravée dans toutes les mémoires. Après son exil aux États-Unis, Brecht rentra à Berlin-Est pour y fonder le Berliner Ensemble en 1949.

NUITS BLANCHES : MODE D'EMPLOI

Après le travail, les Berlinois ont coutume de faire une halte dans une *kneipe*, pour y boire une bière, lire le journal, faire une partie de skat... Bistrots de quartier, bars associatifs, *biergarten* (« jardins à bière »), cafés-galeries, etc. : il y en a pour tous les goûts. La ville sur la Spree recèle en effet plusieurs milliers d'établissements où l'on peut se distraire à n'importe quelle heure du jour et de la nuit.

Car le mot *sperrstunde* (heure de fermeture obligatoire) ne fait pas partie du vocabulaire berlinois : si, dans la plupart des villes d'Allemagne, les débits de boissons ont l'obligation de fermer leurs portes à une heure du matin, à Berlin, les noctambules sont rois. Cette liberté, ils la doivent aux Alliés qui, supprimèrent le couvre-feu après la guerre : les soldats en poste à Berlin devaient avoir la possibilité de se changer les idées. Et cette disposition profitait aux habitants.

La « Potse »

Il y a longtemps que les « filles » ont déserté la Potsdamer Strasse pour aller attendre le client dans les rues adjacentes, plus discrètes. Dans la Potse, ancien royaume des prostituées, des toxicomanes et des rockers, le nouveau Wintergarten brille aujourd'hui de tous ses feux. Retour aux bonnes vieilles traditions ? Des années 20 au début des années 30, l'établissement du même nom était en effet le plus grand théâtre de variétés de la ville. Et le music-hall fait partie de Berlin tout autant que la porte de Brandebourg. Depuis quelques années, les comiques, les magiciens et les acrobates y ont repris du service, pour la plus grande joie du public.

Si l'on meurt d'envie de siroter un cocktail, on ira directement au Harry's New York Bar du grand hôtel Esplanade (Lützowufer, à Tiergarten), piano-bar aux confortables banquettes de cuir dans lequel les portraits de tous les présidents des États-Unis alignés sur le mur contemplent placidement les clients. Le Harry's New York Bar est un bon endroit où commencer la soirée.

A quelques pas de là, le Bar am Lützowplatz (à Schönberg) est le rendez-vous de la jeunesse dorée, des jeunes cadres qui sortent du bureau et de tous les professionnels de la culture. Mais attention : après une certaine heure, en général vers onze heures du soir, le comptoir le plus long de Berlin (il ne mesure pas moins de 16 m) n'a plus le moindre centimètre carré

de place à offrir. On y sert de bons cocktails au champagne.

Le Kumpelnest 3 000 (Lützowstrasse, à Tiergarten), ancienne maison de passe reconvertie en bar branché, est le territoire d'une clientèle plus jeune et plus débraillée. Certes, l'endroit a conservé son velours rouge et sa décoration coquine, mais on y vient pour voir et être vu, et pour s'en mettre plein les oreilles.

Au bar Jeder Vernunft (Schaperstrasse, à Wilmersdorf), on peut dîner en assistant à un spectacle de variétés. Décoré de miroirs et pourvu d'une petite scène circulaire, cet établissement propose des soirées qui n'ont rien de commun avec celles du

Deux visions de la féminité : à gauche, évocation – plutôt lointaine – de Marilyn Monroe au Dream Boy's Lachbühne ; à droite, la chanteuse punk Nina Hagen sur scène devant le Reichstag.

Wintergarten, mais qui vont au-delà de la simple variété et qui ont trouvé leur propre style. Passé minuit, tout invite les amateurs de tango à se hasarder sur la piste de danse.

Beaucoup plus décontracté que le précédent : Zur Weissen Maus (« à la souris blanche », Ludwigkirchplatz, à Wilmersdorf). Il y règne là encore une ambiance des années 20, avec des reproductions de tableaux d'Otto Dix sur les murs. Mais les clients, eux, sont vêtus de jeans.

Quant à la Vie en Rose, l'ambiance y est nettement plus décadente, avec des spectacles de travestis.

A la Lützower Lampe, boîte de travestis assez sélecte, les artistes n'ont plus vingt ans et ils en sont restés au répertoire de Zarah Leander et de Marlene Dietrich. C'est le royaume du strass et des paillettes, un tantinet ringard. Un peu le style des années 20, mais sans l'esprit des années folles.

Savignyplatz

Dans un registre beaucoup plus chic et beaucoup plus contemporain, Savignyplatz et ses environs offrent leur splendide décor au monde de la culture et de la mode.

Les professionnels du cinéma, par exemple, se retrouvent au Paris-Bar tout au long de l'année. L'affluence y est forte au moment de la Berlinale, festival international de cinéma qui a lieu tous les ans en février.

Autres lieux de rencontre de ce qui compte à Berlin : le café Savigny, qui est toujours animé, le Florian, qui n'est pas à la portée de toutes les bourses, le Hegel (et son ambiance slave ou encore le Diener (Grolmannstrasse), ancien bar de boxeurs, qui porte d'ailleurs le nom de l'un d'eux, dans lequel stars et starlettes viennent se faire admirer.

Les jeunes préféreront sans doute les bars de Prenzlauer Berg, dont ceux, très fréquentés, de la Kollwitz Platz, ou, à Kreuzberg, les *kneipen* d'Oranienstrasse.

Dans l'arrondissement de Mitte

Au Friedrichstadtpalast (Friedrichstrasse), de ravissantes jeunes femmes vêtues de costumes invraisemblables exécutent des

numéros de danse parfaitement rodés. La scène est très bien équipée et on peut danser au son d'un orchestre.

La discipline toute prussienne de cette troupe s'oppose à la joyeuse anarchie qui règne au Chamäleon (Rosenthaler Strasse), lieu culte du cabaret situé lui aussi dans l'ancienne capitale de la R.D.A.

Ceux que le clinquant fait fuir apprécieront l'ambiance populaire et bon enfant du Clärchens Ballhaus (Auguststrasse), vieux dancing qui a arrêté sa pendule dans les années 40. La robe du dimanche et le costume acheté pour le mariage du cousin sont un style qu'on cultive dans ce lieu

d'un autre âge qui fait penser au Balajo de Paris. L'orchestre ne se lasse pas de ressasser les vieux tubes de Glenn Miller ou de Frank Sinatra, sans oublier les fausses notes.

Oranienburger Strasse

A deux pas de là s'étend le nouveau quartier à la mode : le long d'Oranienburger Strasse, artistes et pseudo-artistes côtoient la jeunesse dorée, tandis que les professionnelles de l'amour guettent les piétons et les automobilistes qui passent.

Qu'il s'agisse de l'Oren, qui sert de la nourriture casher, du Silberstein

(Oranienburger Strasse), ancienne galerie transformée en café artistique branchée à la musique tonitruante, ou du café Orange, qui ne désemplit pas de la journée, les endroits animés ne manquent pas.

L'Obst und Gemüse (« fruits et légumes », Oranienburger Strasse, à Mitte) est en général bondé. En été, les clients sortent sur le pas de la porte pour siroter leur bière, à la manière anglaise, ce qui ne facilite pas la circulation dans cette rue déjà bien engorgée.

Sur Oranienburger Strasse se trouve la façade bien mal en point du Tacheles (Oranienburger Strasse, à Mitte), centre

culturel alternatif ouvert depuis février 1990. Il occupe les anciens Friedrichstadt-Passagen, grands magasins d'avant-guerre. Le café Zapata en dépend.

L'ancien quartier Saint-Nicolas (Nikolaiviertel) et le Gendarmenmarkt comptent quelques restaurants chics où l'on vient pour se montrer. Après un concert classique au Schauspielhaus ou une soirée Verdi à la Staatsoper, la bourgeoisie aisée a coutume d'aller dîner dans l'un de ces endroits.

Les spectacles de cabaret ne cessent de remettre au goût du jour de bonnes vieilles recettes...

Au Borchardt, des serveurs stylés s'activent autour de clients qui restent sur leur quant-à-soi.

Au Reichardts, c'est le règne de la distinction réelle ou supposée, sous des portraits de vedettes du cinéma.

Et au Marcellino, on se bouscule pour déguster les meilleures pâtes de Berlin.

Les affamés peuvent toujours se rabattre sur Die Letzte Instanz, la plus ancienne des tavernes berlinoises. On y sert les traditionnelles boulettes de viande à la moutarde ou encore un *eisbein mit sauerkraut* (jambonneau à la choucroute). Cette respectable maison, fondée au XVIIᵉ siècle, a toujours soigné son image et a su échapper à l'uniformisation des années de socialisme.

Sous les étoiles

Mais, dès que les beaux jours reviennent, c'est en plein air que les Berlinois préfèrent passer leurs soirées. Les soirs d'été, on se bouscule dans les *biergarten* (« jardins à bière »). Les étudiants qui y travaillent comme serveurs tentent de satisfaire tant bien que mal la demande de bière mais, passé une certaine heure, ils sont débordés et l'on risque d'attendre longtemps avant d'être servi.

Au Golgotha, dans le Viktoriapark (dans l'arrondissement et sur la colline de Kreuzberg), il faut jouer des coudes pour atteindre le comptoir. A l'heure où les premiers réveille-matin viennent arracher à leurs rêves ceux que l'on nomme les « actifs », l'immense café à ciel ouvert se transforme en boîte de nuit. Étudiants, adeptes du *new age* ou de la musique techno : toute une faune colorée se déhanche vaillamment en attendant les premières lueurs de l'aube.

La nuit peut se terminer sous les pergolas du Paul-Lincke-Ufer, où l'on prend un dernier café avant de rentrer sagement chez soi.

Situé au bord du lac de Wannsee, le Schildhorn (à Zehlendorf) offre un cadre idéal pour les soirées en tête-à-tête. La clientèle, assez huppée, qui ne dédaigne pas les huîtres et le champagne, comprend de temps en temps des élus sortant d'une séance. Ils partagent eux aussi la rage de vivre des Berlinois, qui restent les maîtres incontestés de la nuit.

MODES DE VIE «ALTERNATIFS»

Tout le monde ne vient pas à Berlin pour voir le Ku'Damm et la porte de Brandebourg, ou pour découvrir les trésors de Dahlem ou de l'île des Musées. Si Berlin exerce une telle fascination sur les jeunes, qu'ils viennent du reste de l'Allemagne ou d'ailleurs, c'est qu'elle est un laboratoire d'idées nouvelles, un endroit où les choses bougent, où il se passe quelque chose. La *szene* berlinoise, ce sont tous ces gens qui pensent, vivent et inventent «différemment» – du moins selon eux.

A l'époque du mur, Berlin-Ouest a vu affluer tous ceux qui ne pouvaient s'adapter à la vie dans leur petite ville de province. Les gens «normaux» n'éprouvaient que peu d'attirance pour cette cité au bord du déclin, enclavée en pleine R.D.A. En revanche, elle offrait un vaste espace de liberté aux individualistes et contestataires de tout poil.

La génération des années 60

Durant les glorieuses années du miracle économique, tous ces «éléments dissidents» auraient eu du mal à trouver leur place dans la «*ville du front*». Mais les années 60 virent apparaître une nouvelle génération d'individus. Nés après la guerre, élevés dans la société d'abondance, ils étaient à la recherche de nouveaux idéaux et refusaient les schémas manichéens que les protagonistes de la guerre froide cherchaient à leur imposer.

La guerre du Viêt-nam entama sérieusement la crédibilité de la puissance tutélaire américaine. Non content de dénoncer l'élitisme et la sclérose du milieu universitaire, le mouvement étudiant se mit à critiquer les conditions «répressives» qui régissaient la vie privée en général.

Tandis que les premières «communes» et «communautés» voyaient le jour, la population berlinoise commençait à se faire à l'idée que l'on pouvait vivre autrement. Elle s'habitua à l'existence de ces jeunes en colère et à leur mode de pensée «alternatif».

Le mouvement revendicatif mit au jour de nombreux scandales à l'échelle de la société allemande. Certains individus optèrent pour la clandestinité et combattirent le «capital» à grands coups de bombes, d'autres mirent sur pied des «*initiatives de citoyens*», associations de quartier dont l'objectif était de sensibiliser leurs compatriotes aux questions d'environnement et de qualité de la vie, dans un monde obsédé, à leurs yeux, par le progrès technique.

A l'heure actuelle, rares sont les secteurs de la vie publique où les citoyens n'ont pas leur mot à dire : crèches parentales, centres d'accueil pour femmes battues, lieux de rencontre et d'entraide pour homosexuels, cafés réservés aux femmes, associations de prostituées.

Cafés associatifs, collectifs de taxis, magasins de bicyclettes et centres d'artisanat autogérés forment l'infrastructure de gauche. Les magazines culturels tels que *Zitty* et *Tip* sont devenus des institutions. Et le plus important projet alternatif est sans conteste le journal de gauche *Tageszeitung*, ou *Taz*, fondé en 1979 (c'est un peu l'équivalent du quotidien français *Libération*), pour faire contrepoids à la presse conservatrice du groupe Springer. Diffusé à l'origine à Berlin et en R.F.A., il couvre l'ensemble du territoire fédéral.

Par ailleurs, à la fin des années 70, on assista à l'émergence du parti écologiste : l'Alternative Liste (A.L.). Devenu ultérieurement Die Grünen (les Verts), le groupe s'est confondu en 1992 avec les mouvements contestataires de l'ancienne R.D.A., pour former Die Grünen-Bündnis 90 (Les Verts-Alliance 90).

Les squatters

Mais le mouvement alternatif ne parvint pas à combler les lacunes du système social existant. Durant l'automne 1980, une nouvelle vague de protestation éclata. Malgré la pénurie patente de logements, on recensait à Berlin quelque 20 000 appartements inoccupés. Des propriétaires laissaient des immeubles entiers se dégrader. Profitant de généreuses subventions publiques et de multiples avantages fiscaux, ils demandaient ensuite un permis de démolir et réalisaient de substantielles plus-values en

Le meneur étudiant d'extrême gauche Rudi Dutschke harangue ses camarades en 1968.

construisant des édifices flambant neufs. C'est ainsi qu'à Berlin-Ouest des spéculateurs ont « assaini » des pans de rue entiers.

Des groupes de jeunes s'organisèrent pour lutter contre cet état de fait – ou, selon une autre interprétation, pour en profiter. En moins de deux ans, ils occupèrent 170 immeubles, qu'ils retapèrent de fond en comble. La plupart de ces squatters étaient de jeunes chômeurs dont l'objectif n'était pas seulement d'alerter l'opinion, mais aussi de disposer d'un lieu où ils pouvaient vivre conformément à leurs aspirations. Malgré la violence des

l'ordre. Un jeune homme de dix-huit ans passa sous les roues d'un autobus, dans la confusion générale. Sous ce prétexte, les manifestants, laissant libre cours à leur colère, brisèrent les vitrines dans les rues alentour.

Le conseil municipal, à majorité C.D.U., et M. Richard von Weizsäcker, futur président de la République, alors bourgmestre de Berlin, optèrent pour la fermeté, mais finirent par céder à la pression d'une partie de l'opinion. Ils conclurent des contrats de légalisation avec un tiers des squatters. Dans les années qui suivirent, M. Ulf Fink, conseiller municipal chrétien-démocrate

combats de rue, les Berlinois se montrèrent plutôt compréhensifs envers les squatters. Ils ne pouvaient pas ignorer les problèmes sociaux qui avaient donné naissance au mouvement.

La presse du groupe *Springer*, qui jouit d'une grande audience, et le conseiller municipal aux affaires intérieures, M. Heinrich Lummer, stigmatisèrent les agitateurs venus troubler la tranquillité des honnêtes citoyens et spolier les légitimes propriétaires. Sur ordre de M. Lummer, des policiers entreprirent de déloger par la force les occupants de certains immeubles. Le 22 septembre 1981, de violents affrontements opposèrent squatters et forces de

en charge des affaires sociales, débloqua 10 millions de marks de crédits pour les groupes d'entraide et les entreprises autogérées.

Bien entendu, les dirigeants C.D.U. n'agissaient pas par pure philanthropie. Ils avaient fini par comprendre que les projets alternatifs créaient des emplois et que l'État avait tout intérêt à encourager ce type d'initiatives.

Une culture souterraine

Les élites ne pouvaient plus feindre d'ignorer les formes d'expression culturelles et sociales de la « subculture » allemande. Celle-ci acquit enfin droit de cité, qu'il s'agisse par exemple du Grips-Theater (théâtre de l'enfance et de la jeunesse) ou de cinéastes *underground* comme Lothar Lambert et Rosa von Praunheim.

Berlin vit se multiplier les projets à grande échelle. Le Mehringhof de Gneisenaustrasse, par exemple, est une ancienne usine qui rassemble une trentaine d'initiatives. On y trouve de tout, de l'énergie alternative au Netzwerk, fonds de financement de projets autogérés, en passant par l'Ex, qui sert de café et de lieu d'exposition.

chie, une seule et unique cuisine, une caisse commune, plein de matelas»: telle est la devise des quelque 70 résidents de la Fabrik.

Tous les Berlinois connaissent aujourd'hui le cirque U.F.A., qui compte 35 jongleurs, dompteurs, clowns, magiciens et autres, tous membres de la tribu de l'U.F.A. Entre avril et octobre, le Tempodrom, chapiteau planté à côté de la maison des Cultures du monde, tout près du Reichstag, propose toutes sortes d'attractions – du festival de clowns au salon de l'ésotérisme – qui tranchent avec les spectacles de cirque traditionnels.

Autre grand centre de la vie alternative: l'U.F.A.-Fabrik, centre culturel, sportif et artisanal implanté Viktoriastrasse, à Tempelhof. L'éventail de ses activités est large: projets écologistes tels que l'aménagement de mini-jardins sur les toits des immeubles, cours et ateliers axés sur les loisirs ou la connaissance de soi. On y trouve un café, un cinéma et une boulangerie artisanale qui produit chaque semaine 2 500 pains complets. *«Pas de hiérar-*

A gauche, la rencontre de deux mondes; ci-dessus, la boulangerie artisanale et «biologique» de la communauté installée dans l'usine U.F.A.

Les alternatifs au pouvoir

Aux élections municipales de 1989, la C.D.U. recula de 9 points (37,7 %), ce qui lui laissa son avance mais l'empêcha de former une majorité car le F.D.P. était privé de sièges et les chrétiens-démocrates refusaient de s'allier aux républicains, qui ont obtenu 7,5 % des voix. En revanche, la liste alternative obtint 11,8 % des voix, ce qui lui permit d'accéder aux responsabilités: le parti social-démocrate (37,3 %) se décida à faire alliance avec les alternatifs à condition qu'ils reconnaissent trois choses: le statut particulier de la ville et la présence alliée; l'obligation d'endosser les lois fédérales ; le monopole étatique de l'usage de la force.

Le nouveau conseil « rouge et vert », dirigé par le social-démocrate M. Walter Momper, compte quatre alternatifs, tous des femmes. Les mesures en faveur des femmes, de l'écologie et des transports en commun reçoivent un accueil mitigé. De plus, les relations entre les activistes minoritaires alternatifs et un S.P.D. qui se veut parti de gouvernement ne sont pas simples. C'est sur la question symbolique des occupations illégales d'immeubles que la coalition se brisera. C'est alors surtout à l'Est qu'il y aura alors du nouveau.

l'ouest : la Stasi (police politique) exerçait une censure et une répression actives contre tous les phénomènes trop voyants. Pas question non plus d'envisager des subventions publiques, comme le budget Fink dans le secteur occidental ! La résistance s'exprimait par une attitude de refus et par la dénonciation d'abus politiques et sociaux. Position qui, sous le régime socialiste, nécessitait des trésors d'audace et d'imagination.

Malgré les obstacles rencontrés, des jeunes parvinrent à créer leurs propres espaces. Dès le début des années 80, le quartier de Prenzlauer Berg – équivalent

La bohème est-berlinoise

Ceux qui pensent que l'existence d'une « subculture » était inconcevable sous le régime communiste se trompent. Pour les citoyens de R.D.A. aussi, Berlin-Est a toujours été un lieu attirant et cosmopolite, même si cet aspect était autrefois moins visible que dans le secteur ouest. La proximité de la « vitrine de l'Occident », alliée à l'esprit de tolérance et de laisser-aller qui caractérise les grandes métropoles, permirent l'émergence d'une szene bien vivante dans la capitale de l'ancienne R.D.A.

Certes, ses manifestations étaient moins tapageuses (et plus dangereuses) qu'à

est-berlinois de Kreuzberg – abritait des cafés alternatifs et des bars homosexuels, tandis que des communautés de squatters se constituaient ici et là.

A l'écart des circuits officiels, conformes à l'orthodoxie marxiste, des groupes d'artistes indépendants organisaient des spectacles qui rencontraient un public enthousiaste des deux côtés du mur. Des créateurs de mode présentaient leurs collections dans des appartements privés. Les artistes investissaient garages et arrière-cours, et le théâtre expérimental s'attaquait à des sujets interdits.

Il fallut attendre l'ouverture de la frontière entre les deux Allemagnes pour mesurer la véritable ampleur du phénomène alternatif à l'est. Dans les mois qui suivirent l'effondrement du mur, on vit éclore une multitude de projets. Des groupes de jeunes, impatients d'expérimenter de nouveaux styles de vie, s'installèrent dans des immeubles délabrés.

L'exemple le plus connu est celui du Tacheles, dans l'arrondissement de Mitte. Les ruines de l'ancien grand magasin Friedrichstadtpassage se transformèrent rapidement en centre artistique et multiculturel. On peut y découvrir des travaux artistiques originaux, assister à des concerts et à des pièces de théâtre, ou

Des années d'engagement et de lutte contre un système qui ne tolérait pas la moindre forme de contestation ont engendré une autre tradition politique.

Si, avant octobre 1989, l'ennemi numéro un était l'omnipotent S.E.D. (parti socialiste unifié), il faut compter aujourd'hui avec les rêves «petits-bourgeois» de citoyens qui aspirent à une vie meilleure et avec une droite qui voit d'un mauvais œil le vieil idéal *baba-cool* et communautaire.

Toujours est-il que les alternatifs de l'ancien secteur oriental ne sont pas prêts à renoncer à leurs convictions pacifistes. S'ils manquent d'expérience en matière de

encore prendre un verre au café Zapata, à la décoration inclassable. Situé en plein centre de Berlin, à deux pas du futur quartier gouvernemental, le curieux édifice a longtemps excité les convoitises des promoteurs. S'il semble à l'abri de la démolition, rien ne garantit que le conseil municipal votera les crédits nécessaires à sa rénovation.

Mais la communauté alternative est-berlinoise a d'autres difficultés à surmonter.

A gauche, homme-orchestre sur le Ku'Damm; ci-dessus, défilé des homosexuels et des lesbiennes le jour de la Saint-Christophe.

combats de rue, en revanche, des années de répression au quotidien ont forgé chez eux un potentiel de résistance et un sens de la solidarité peu communs.

Alternatifs de tous pays...

Peu à peu, les deux univers alternatifs, celui de l'Est et celui de l'Ouest, tendent à converger. Les autonomes et les squatters les plus virulents ont quitté Kreuzberg pour Friedrichshain et Lichtenberg. Désormais, on trouve des magasins de produits «biologiques» dans tous les quartiers de Berlin, et la *szene* est devenue partie intégrante de la société berlinoise.

ITINÉRAIRES

Berlin n'a pas de véritable centre. Elle recèle bien sûr un quartier historique, dans l'arrondissement de Mitte. Autour du Kurfürstendamm, la ville s'offre sous un autre jour, celui du quartier d'affaires qui s'est étendu à l'ouest après la partition de la ville. En effet, si le Ku'Damm a perdu l'effervescence qui faisait sa renommée dans les années 20, il a connu une renaissance commerciale dans les années 50. Quoi qu'il en soit, Berlin reste avant tout une mosaïque de petites villes et même de villages.

La ville sur la Spree compte 23 arrondissements : 12 dans la partie ouest et 11 à l'est. Chaque quartier de Berlin fait l'objet d'un chapitre propre. Cette division reflète mieux la diversité de la métropole. Bien qu'il ne corresponde pas à un arrondissement administratif, le Kurfürstendamm a droit à un chapitre particulier ; c'est aussi la raison pour laquelle il inaugure cette partie.

Nous avons choisi de présenter les quartiers en partant du centre vers la périphérie. Ainsi, l'étape qui suit le Kurfürstendamm amène le visiteur au centre historique : Mitte et Alexanderplatz. On remontera ensuite Unter den Linden, avenue riche d'un passé prestigieux. Entre Mitte et Charlottenburg s'étend l'arrondissement de Tiergarten.

Puis on découvrira Schöneberg, Kreuzberg, Friedrichshain et Prenzlauer Berg, quartiers les plus urbains de Berlin, avec leurs rues grouillantes et leurs vieux immeubles ouvriers s'alignant sur des enfilades de cours. On surnomme Prenzlauer Berg le « Kreuzberg de l'Est » – et, à voir l'animation qui y règne, il semble bien que le nouveau quartier alternatif soit sur le point de supplanter l'ancien.

Pankow et Wedding, voisins immédiats de Prenzlauer Berg au nord, sont les quartiers ouvriers par excellence. On fera ensuite connaissance avec Weissensee, Lichtenberg, Treptow, Neukölln et Tempelhof, anciens faubourgs qui ont leur caractère propre.

Aérés et émaillés d'élégants édifices et villas, Steglitz, Zehlendorf et Wilmersdorf sont les fiefs de la classe moyenne. Le plus huppé demeure Zehlendorf. Tout en contrastes, Reinickendorf est le « Nord verdoyant » de la capitale. Il recouvre aussi bien la localité champêtre de Lübars que la cité-dortoir de Märkisches Viertel.

Spandau et Köpenick sont presque des villes à part entière. Ils sont plus anciens que Berlin, qui, il y a un peu plus de 750 ans, n'était qu'un petit comptoir commercial. Enfin, on pourra explorer d'une seule traite Hohenschönhausen, Marzahn et Hellersdorf, dont la fondation ne remonte qu'aux années 70 et 80.

Pages précédentes : la porte de Brandebourg ; partie de luge sur le Teufelsberg ; l'église du Souvenir et le Kurfürstendamm ; une évocation du temps passé. Ci-contre, une oasis de verdure.

Berlin

1600 m / 1 mile

ÖNHAUSEN

BLANKENBURG

Berliner Allee

MALCHOW

Schloß
Niederschönhausen

Wartenberg

ANKOW

HEINERSDORF

Berliner Allee

109

158

PANKOW

WEISSENSEE

FALKENBERG

VINETASTR.

PRENZLAUER

Falkenberger Chaussee

HOHENSCHÖNHAUSEN

Straße

Ostseestr.

RNHOLMER
STR.

BERG

Greifswalder Straße

2

VOLTASTR.

EBERSWALDER
STRASSE

MARZAHN

TE

FRIEDRICHS-
HAIN

Landsberger Allee

LICHTENBERG

NIEN-
ER

Museumsinsel

ernsehturm

ALEXANDERPL.

RATHAUS
FRIEDRICHSHAIN

nden

Marienkirche

Frankfurter Allee

5/1

LICHTENBERG

Dom

ADTMITTE

OSTKREUZ

BIESDORF

hemalig
heckpoint Charlie

Tierpark

ALLESCHES
TOR

KOTTBUSER
TOR

SCHLES.
TOR

FRIEDRICHSFELDE

KREUZBERG

TIERPARK

HERMANNPL.

Puschkin

TREPTOW

KARLSHORST

Flughafen
Berlin-Tempelhof

Karl-Marx-Straße

Sonnen Allee

NEU-
KÖLLN

Allee

LEINESTR.

NEUKÖLLN

Trabrennbahn

LHOF

A 10

A 102

GRENZALLEE

Schnellerstraße

OBERSCHÖNE-
WEIDE

MPEL-
HOF

NIEDER-
SCHÖNEWEIDE

BRITZ

Buschkrugallee

Teltow-Kanal

Adlergestell

ADLERSHOF

MARIENDORF

JOHANNISTHAL

96

RIENDORF

BRITZ - SÜD

Erholungspark
(BUGA)

179

BUCKOW

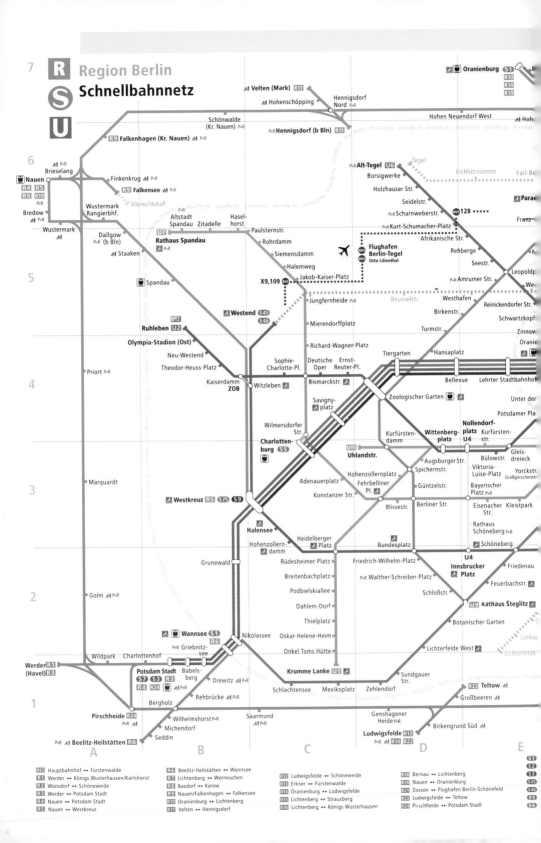

vues anti-américaines du jeune homme, et certains n'hésitaient pas à en venir aux mains contre le profanateur.

Les mosaïques dorées du plafond de la nef, qui évoquent les croisades, donnent une bonne idée de ce qu'était l'église d'origine.

Une fois l'an, des centaines de grosses cylindrées envahissent la Breitscheidplatz. Les motards berlinois viennent en effet assister à un office à la mémoire de leurs camarades morts sur la route.

La place est aujourd'hui le rendez-vous des amateurs de planche à roulettes, de patin et de vélo acrobatique. Jusqu'à une heure avancée, une foule hétéroclite s'amasse sur les marches de l'église et autour de l'immense **Weltkugelbrunnen**, fontaine mappemonde (1983) en granit rose, que les Berlinois ont surnommée Wasserklops (« boulette à eau »). Les musiciens de rue côtoient les portraitistes, tandis que, pour quelques marks, les vendeurs ambulants proposent ceintures, écharpes, boucles d'oreilles et autre camelote.

L'Europa-Center

Dans les années 50, le site que l'**Europa-Center** occupe aujourd'hui n'abritait qu'une poignée de buvettes et un chapiteau sous lequel avaient lieu des rencontres de catch. En 1965, la première grande opération immobilière de l'après-guerre donna naissance à l'immense complexe en verre fumé, surmonté de l'emblème Mercedes, qui a suscité des débats passionnés et s'est attiré de vives critiques. L'endroit est aujourd'hui semblable à n'importe quel autre centre commercial et il abrite une centaines de boutiques, de restaurants et de cafés.

Le Romanisches Café

Qui se douterait qu'à l'emplacement de ce temple de la consommation se nichait autrefois le mythique **Romanisches Café** ? Sous la république de

La vitrine de l'Ouest dans les années 50.

Weimar, il avait pris le relais du Café des Westens (café de l'Ouest). Quartier général de la bohème berlinoise jusqu'à la Première Guerre mondiale, ce dernier était plus connu sous le nom de café Grössenwahn (« folie des grandeurs »).

Au cœur du mouvement littéraire expressionniste, le Romanisches Café était le lieu de rencontre de l'avant-garde et de cohortes d'émules qui s'exhibaient dans les tenues les plus extravagantes. Pour ce qui est de l'atmosphère enfumée et de la médiocrité de la nourriture, il ne se distinguait guère des autres cafés. Les habitués se retrouvaient par tablées entières sur les banquettes rectangulaires du « petit bassin » ou sur celles, carrées, du « grand bassin ». Un escalier conduisait à l'entresol, où les joueurs d'échecs s'affrontaient.

Pour beaucoup, le Romanisches Café reste associé au Berlin des années folles, avec sa faune cosmopolite et hédoniste. Tout ce que la ville comptait de personnalités dans le domaine des lettres, des arts plastiques, du théâtre et du cinéma s'y donnait rendez-vous : Else Lasker-Schüler, Kurt Tucholsky, Alfred Kerr, Robert Musil, Joseph Roth, Egon Erwin Kisch, Gottfried Benn, Carl Zuckmeyer, Heinrich et Thomas Mann, Klabund et bien d'autres. Le cinéaste et journaliste Billy Wilder, qui fit beaucoup de bruit avec son reportage sur la vie d'*Un gigolo à l'hôtel Eden*, ainsi que Robert Siodmak et Ernst Lubitsch, déjà en route pour la gloire, comptaient eux aussi parmi les habitués.

Voici ce qu'en dit Elias Canetti dans son roman *Histoire d'une vie* : « *Les étapes au Romanisches Café... étaient certes un plaisir, mais elles n'avaient pas ce seul but. Elles répondaient aussi à la nécessité d'une auto-promotion à laquelle personne ne se soustrayait. Celui qui ne voulait pas être oublié devait se faire voir.* » C'était donc un point de passage obligé pour tous les artistes à la recherche d'un mécène.

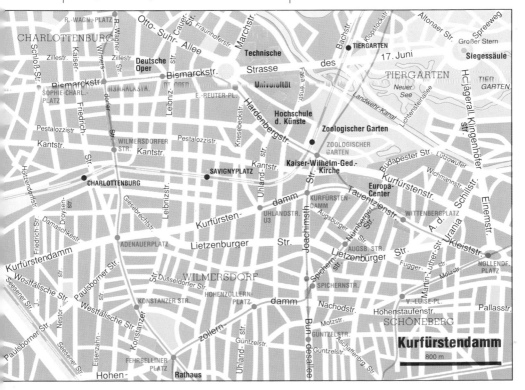

Kurfürstendamm

800 m

Mais dès 1933, les nationaux-socialistes mirent fin à l'esprit de libéralisme et de licence qui régnait sur le Ku'damm. Le poète Wolfgang Koeppen décrit ainsi les derniers jours du Romanisches Café : « *Le café et sa terrasse furent emportés par le vent, nous les vîmes disparaître avec leur aura spirituelle, se dissoudre dans le néant, comme s'ils n'avaient jamais existé... Les clients qui échappèrent aux arrestations et aux assassinats se dispersèrent aux quatre coins du globe ; d'autres mirent fin à leurs jours ; d'autres enfin continuèrent à fréquenter le café, recroquevillés sur un livre anodin, honteux de la complaisance de la presse et de la grande trahison...* »

Dix ans plus tard, en une seule nuit de novembre, un raid de l'aviation britannique réduisit en cendre le quartier du zoo. La frénésie de démolition et de reconstruction de l'après-guerre fit le reste. L'avenue que nous connaissons aujourd'hui est un surprenant mélange de vieilles façades en stuc et d'immeubles de bureaux en verre fumé.

Une frontière un peu floue

Mais où commence le Ku'damm, au juste ? On trouvera la réponse à la hauteur du n° 11, sur sa face nord, juste derrière Breitscheidplatz. Inutile de chercher les dix premiers numéros : ils ont disparu depuis 1925, année où l'on intégra cette section de l'avenue – occupée par l'hôtel Intercontinental – à la Budapester Strasse. Presque tout le monde a oublié que le « Damm » partait jadis du pont Cornelius, qui enjambe le Landwehrkanal, à la lisière du jardin zoologique.

Certains soutiennent que l'avenue part de **Wittenbergplatz** et se confond avec la **Tauentzienstrasse**. A la différence du Ku'damm, la Tauentzien ne possède pas de cafés avec terrasse. En revanche, on y trouve le **KaDeWe** (Kaufhaus des Westens), où 3 000 employés s'affairent sur 43 000 m². Le grand magasin allemand le plus

La foule sur le Ku'damm.

célèbre propose un vaste choix de produits. Le sixième étage, consacré à l'alimentation, vaut le détour.

Mais le Ku'damm a perdu le raffinement qui reste associé au KaDeWe. En effet, la hausse vertigineuse des loyers a contraint nombre de boutiques haut de gamme à mettre la clef sous la porte.

La décadence

C'est au cours des années 70 que l'opinion publique prit conscience de cette perte de substance. La glorieuse avenue était devenue « *le boulevard des pizzas, des sex-shops et de la culture de masse* », le « *royaume du hamburger* », la « *poubelle de la nation* ». On avait tendance à oublier que le phénomène n'était pas exclusivement berlinois : les touristes débraillés et les *fast-foods* avaient aussi envahi les Champs-Élysées.

Les élus locaux durent se rendre à l'évidence : la « *vitrine de l'Ouest* » avait perdu de son lustre en raison d'une politique urbaine aberrante. Ce qui était criant en particulier dans les nouvelles galeries commerciales, toutes plus déprimantes les unes que les autres avec leurs néons blafards.

Lorsque *peep-shows* et cinémas pornographiques se mirent à fleurir sur le Ku'damm, on prédit à l'avenue le même avenir qu'à la Reeperbahn, le grand supermarché du jeu et du sexe à Hambourg. Pas de doute : le Kurfürstendamm risquait de perdre son âme.

Une politique de réhabilitation

Pour enrayer ce déclin, on mit sur pied une commission réunissant divers acteurs économiques ainsi que des élus de Charlottenburg, Wilmersdorf et Schöneberg. Depuis sa constitution en 1981, cette instance veille que l'aménagement du Kurfürstendamm respecte l'image et la vocation de cette de grande avenue. Sous couvert de préserver « *l'esprit libéral, le pluralisme et la multiplicité des fonctions* »,

Peintres et caricaturistes.

Sur le terre-plein central, la **Mengenlehre-Uhr** (« horloge de la théorie des ensembles ») ne livre son secret qu'aux passionnés de mathématiques. L'heure se calcule de bas en haut, en additionnant les cases comme suit : dans la première rangée, chaque case représente cinq heures ; dans la deuxième, une heure ; dans la troisième, cinq minutes et dans la dernière, une minute. Le voyant électronique indique les secondes.

Au numéro 218, le restaurant chinois **Ho Lin Wah** occupe les anciens locaux de l'ambassade de Chine, dans la cour. Ce restaurant ne présente pas grand intérêt mais, sur la rue, se trouve l'une des meilleures pâtisseries-salons de thé : la maison **Leysiffer**, fondée en 1909.

A deux pas de là, le **King's Tea-garden** propose ses 170 variétés de thé, avec de la musique classique en fond sonore.

Le poète américain Thomas Wolfe a décrit le Kurfürstendamm comme « *le plus grand café du vieux continent* ». Chaque établissement a une ambiance à lui : la maison **Kranzler** (au 18-19), malheureusement devenue trop touristique, et le **café Möhring** (au 213), par exemple, privilégient la tradition.

A l'angle de Joachimstaler Strasse, 400 mannequins de cire des « *personnalités les plus en vue d'Europe* » attendent le visiteur au **Berliner Panoptikum**.

En été, les terrasses des cafés sont bondées jusqu'à une heure avancée.

Dans les rues alentour

Mais le Kurfürstendamm n'est qu'une facette de la vitrine cosmopolite de Berlin. Pour découvrir la ville, il ne faut pas hésiter à se perdre dans les rues adjacentes.

La **Fasanenstrasse**, qui rassemble depuis quelques années une multitude de galeristes, donne un aperçu de la vie artistique berlinoise.

Tout a commencé en 1986, avec l'inauguration de la **villa Griesebach** (au n° 25). Construite à la fin du XIXe siècle, inoccupée pendant des années, cette villa aurait fait place à un parc de

stationnement n'eût été la détermination d'une association de quartier. La **galerie Pels-Leusden** y organise aujourd'hui des expositions et des ventes aux enchères.

Dans le même périmètre se sont installés le **musée Käthe-Kollwitz**, voisin immédiat de la villa Griesebach, ainsi que le **Wintergarten**, nouveau rendez-vous littéraire berlinois (qu'il ne faut pas confondre avec le théâtre de variétés du même nom de Potsdamer Strasse).

Au n° 23, la **Literaturhaus** renferme une librairie en sous-sol, des salles de lecture et un café avec jardin, l'un des plus agréables de la ville.

En allant vers Kantstrasse

Sur le trottoir nord de Fasanenstrasse, en face de l'hôtel Bristol-Kempinski, s'élève la **maison de la Communauté juive** (Jüdisches Gemeindehaus). La synagogue qui se dressait à cet emplacement a brûlé au cours de la nuit de Cristal, le 9 novembre 1938. Le nouvel

Marché aux puces de Fasanenstrasse.

édifice bâti en 1959 intègre l'ancien portail, seul élément à avoir résisté aux flammes. La grande salle à l'étage fait office de salle de prières pendant les fêtes juives. Le bâtiment abrite une bibliothèque, un restaurant casher et une école qui dispense des cours d'hébreu et d'allemand.

Au coin de Kantstrasse, le théâtre au fronton décoré d'inscriptions latines a connu un passé tumultueux. Si sa construction remonte à 1896 (sous le règne de Guillaume II), il a été magnifiquement rénové depuis. D'abord consacré à la comédie et à l'opérette, il passa entre les mains de plusieurs propriétaires qui firent faillite les uns après les autres. De 1951 à 1961, sous le nom de **Theater des Westens**, il accueillit l'opéra municipal, sous la direction de Michael Bohnen, de Heinz Tietjen puis de Carl Ebert.

Jeune Berlinoise de souche récente.

La première de *Cabaret*, en 1987, marqua les débuts du Theater des Westens en tant que théâtre musical. Des succès tels que *Peter Pan* ou *la*

Cage aux folles lui ont permis ensuite d'asseoir sa réputation. Le passage d'illustres troupes new-yorkaises lui confère un petit air de Broadway.

Autres points de repère berlinois : le hall de la **gare du Zoo** (Bahnhof Zoo), horreur architecturale qui fut longtemps la honte du quartier. Tout voyageur qui voyait pour la première fois la gare centrale de Berlin-Ouest n'avait qu'une envie : remonter dans le train et repartir le plus vite possible ! La gare, qui dépendait de la société des chemins de fer de R.D.A. (la Deutsche Reichsbahn), était un endroit sordide. Embellie à grands frais à l'occasion du 750ᵉ anniversaire de la ville, en 1987, elle a de nouveau bénéficié de gros travaux de remise à neuf en 1996. Mais, comme toutes les gares, elle attire toutes sortes de gens, ce qui incite à une certaine prudence dans le quartier.

Saint-Germain sur Spree

En suivant la Kantstrasse vers l'ouest, on arrive à **Savignyplatz**, jolie place entourée de boutiques de décoration, de librairies spécialisées et de bistrots branchés. C'est aussi un quartier résidentiel coté.

Les rues alentour, qui ont pour nom Bleibtreu, Knesebeck, Mommsen ou Giesebrecht, sont des havres de paix en comparaison du Kurfürstendamm. Mais on y trouve tout ce qui manque à la grande avenue : les petites boutiques de mode y alternent avec les magasins d'antiquités et les restaurants.

Cet agréable quartier contraste avec la **Lietzenburger Strasse** (« Lietze ») et la Sperlingsgasse, au sud du Ku'damm. Entre Uhlandstrasse et Knesebeckstrasse s'étendait encore il y a peu le royaume de l'arnaque, des *peepshows* et de la prostitution. Gare à l'étiquette « *vieux Berlin* », qui est le plus souvent synonyme d'attrape-touristes !

Une exception cependant : **Loretta im Garten** (Lietzenburger Strasse 87-89), *biergarten* (« jardin à bière ») où l'on se retrouve les soirs d'été sous les arbres, à la lueur des lampions.

MITTE

L'arrondissement de Mitte (« centre ») correspond au cœur historique de la ville. C'est en effet sur une île de la Spree que naquit le comptoir de commerce de Berlin-Cölln, voilà plus de huit siècles.

L'île abrita ensuite la résidence des princes électeurs, des rois et des empereurs qui ont marqué l'histoire de la Prusse et de l'Allemagne. C'est dans cette partie de la ville que se trouvaient l'immeuble de la Gestapo et le bunker de Hitler. Après la guerre, c'est ici que la R.D.A. établit le siège de son gouvernement. De tous les arrondissements de Berlin, Mitte est le plus riche en monuments historiques et en vestiges du passé.

La porte de Brandebourg

Situé sur le territoire de l'ancienne R.D.A., l'arrondissement s'étend à

l'est de la **porte de Brandebourg**. Ce symbole de la grandeur prussienne et de l'histoire allemande figure sur d'innombrables tableaux et photographies. Édifiée en 1788-1791 d'après des plans de Langhans, s'ouvrant sur la prestigieuse avenue **Unter den Linden**, elle a connu une histoire mouvementée. Confisqué par Napoléon Ier en 1806, le quadrige qui la couronne n'a retrouvé son emplacement d'origine que huit ans plus tard. Réduite en miettes en 1945, la porte de Brandebourg a été reconstruite à l'identique en 1958. Si le premier réveillon du nouvel an de l'Allemagne réunifiée, en 1989, l'a mise à mal une nouvelle fois, elle a depuis fait l'objet d'une restauration minutieuse.

En remontant l'avenue Unter den Linden à partir de la porte de Brandebourg, on entrevoit ce que Frédéric le Grand entendait par splendeur. La noble artère abrite d'innombrables témoins du passé, pour la plupart restaurés avec soin.

Au pied de la porte, la **Pariser Platz** (ainsi nommée en l'honneur de l'entrée des troupes prussiennes à Paris en 1814) fut durant plusieurs décennies le domaine des *vopos* (abréviation de Volkspolizei : police du peuple), des lapins et des herbes folles. Les immeubles modernes qui vont bientôt l'entourer devraient accueillir d'ici l'an 2000 une poignée d'ambassades (dont celle de France), le grand **hôtel Adlon** (ressuscité) et la nouvelle **école des Beaux-Arts**.

A l'angle de la Vosstrasse et de la Wilhelmstrasse (devenue Toleranzstrasse), Albert Speer, architecte favori de Hitler, érigea en 1939 la nouvelle chancellerie du Reich. C'est sous ce gigantesque édifice que se cachait le bunker du Führer. Le site est aujourd'hui occupé par un espace vert bordé d'immeubles d'habitation.

En suivant Unter den Linden

Sur les Linden, juste après la Wilhelmstrasse, on passe devant une imposante bâtisse qui n'est autre que l'ambassade de Russie. Après la guerre, l'ambassade d'Union soviétique a

oper). L'opéra a subi un nombre incalculable d'extensions et d'aménagements. A deux reprises (en 1941 et en 1945), les bombardements l'ont gravement endommagé. La reconstruction de ce bâtiment rococo, dans les années 50, s'efforça de respecter au plus près les plans d'origine de l'architecte Georg von Knobelsdorff.

Au sud de la Bebelplatz, Frédéric le Grand fit édifier la **cathédrale Sainte-Hedwige** (1747-1773) à l'intention des 10 000 catholiques que Berlin comptait à l'époque.

Vers l'île des Musées

Unter den Linden s'achève sur le **palais du Prince héritier** (Kronprinzpalais, 1664), à la hauteur du **Schlossbrücke** (ancien Marx-Engels-Brücke), pont qui enjambe le Kupfergraben, qui est un bras de la Spree, pour mener à l'île.

Œuvre de Schinkel, le Schlossbrücke est orné d'une galerie des Déesses qui représente Athéna dans une frise inspirée des guerres de libération contre Napoléon Ier.

Juste après le pont, on découvre le **Lustgarten** (jardin d'agrément). Un sentier, sur la gauche, mène à un édifice qui partage avec la glyptothèque de Munich le titre de plus vieux musée d'Allemagne : c'est l'**Ancien Musée** (Altes Museum), qu'on doit lui aussi à Schinkel, avec une colonnade ionique qui ferme le parc au nord. Au pied de l'escalier monumental se dresse une énorme vasque taillée dans un bloc de granit de 7 m de diamètre et d'un poids de 80 t. Elle fut saluée en 1834 comme un « chef-d'œuvre du Biedermeier ». Le style Biedermeier (du nom d'un personnage populaire, équivalent de Joseph Prudhomme) est le style « louis-philippard » de la première moitié du XIXe siècle.

L'Ancien Musée, l'**Ancienne Galerie nationale** (Alte Nationalgalerie), le **musée de Pergame** (Pergamonmuseum), le **musée Bode** (Bodemuseum) et le **Nouveau Musée** (Neues Museum) font partie de « l'île des Musées », immense complexe architectural qui recèle des trésors de toutes les époques et de toutes les civilisations.

La cathédrale et l'hôtel de ville

La **cathédrale** de Berlin (Berliner Dom), qui jouxte le Lustgarten à l'est, est un fleuron de l'architecture wilhelminienne. Depuis 1980, la cathédrale est redevenue un lieu de culte pour la communauté luthérienne, qui y célèbre des baptêmes et des mariages. Dans la crypte, aménagée en musée, on peut admirer les tombeaux des Hohenzollern.

L'image de la cathédrale se reflète sur l'immense façade vitrée du **palais de la République**. Achevé en avril 1976 après moins de mille jours de travaux, l'ancien siège de la Volkskammer (parlement de la défunte R.D.A.) est fermé depuis 1991 pour cause de pollution à l'amiante. Il a été question de le raser pour reconstruire l'ancien château de Berlin. On envisage aujourd'hui de conserver la salle du parlement de l'ancienne R.D.A. en

La Neue Wache, sur Unter den Linden.

l'englobant dans un nouveau bâtiment.

Sur la rive orientale de la Spree, le **Marx-Engels-Forum**, Karl-Liebknecht Strasse, est ponctué de sculptures dues à des artistes de R.D.A. Deux immenses statues de bronze représentant Marx et Engels, auprès desquelles les autres paraissent minuscules, veillent sur cet espace vert.

Élément incongru dans le décor que forment la tour de télévision et les immeubles alentour, qui l'écrasent, l'**église Sainte-Marie** (Marienkirche) date du XIIIe siècle. Le visiteur qui fuit le vacarme de Karl-Liebknecht Strasse pourra y admirer de belles œuvres d'art, comme la fresque de style gothique tardif de 22 m de long représentant *la Danse de la mort* (1485), ou la chaire de marbre dessinée par Andreas Schlüter.

A mi-chemin entre l'église et l'hôtel de ville (Rotes Rathaus) en brique rouge, achevé en 1869 (il fut le cinquième hôtel de ville de Berlin), la **fontaine de Neptune** (Neptunbrunnen) rappelle l'opulence de l'ère wilhelminienne.

L'ouvrage en bronze, réalisé en 1891 par Reinhold Begas, fut offert à Guillaume II par la ville de Berlin. Les quatre nus qui entourent le bassin symbolisent le Rhin, l'Elbe, l'Oder et la Vistule.

Alexanderplatz

Sur Alexanderplatz, immense esplanade battue par les vents, s'égrènent l'**hôtel Forum** (39 étages), des grands magasins et la **maison du Professeur** ornée d'une mosaïque de Walter Womacka. L'**Horloge universelle** et la **fontaine de l'Amitié entre les peuples**, autant d'objets qui paraissent ridiculement petits dans cet univers disproportionné, constituent d'autres points de repère.

La **Berolina-Haus** et l'**Alexanderhaus**, visibles depuis la passerelle du S-Bahn, s'intègrent assez bien à l'architecture socialiste environnante. Ces deux immeubles sont issus de la « nouvelle objectivité » (*neue Sachlichkeit*), courant artistique de la fin des années 20. A l'heure actuelle, la célèbre place dominée par la **tour de la Télévision**, haute de 365 m, est en cours de réaménagement. Du haut de la tour, on jouit d'une belle vue panoramique dans le restaurant tournant qui accomplit sa révolution en deux heures.

Le quartier Saint-Nicolas

La municipalité de Berlin-Est a accordé un soin particulier à la réhabilitation du minuscule **quartier Saint-Nicolas** (Nikolaiviertel), entre le Rotes Rathaus et la Spree. Elle est allée jusqu'à y reconstituer des bâtiments qui, à l'origine, se trouvaient ailleurs. Résultat : un collage historique, une véritable « vitrine du passé » avec des ruelles pavées, des ateliers d'artisans et d'innombrables recoins.

On a restauré, au moins à l'extérieur, tous les immeubles qui s'agglutinent autour de l'**église Saint-Nicolas** (Nikolaikirche). Mentionnée pour la

Au pied de l'Horloge universelle d'Alexanderplatz.

première fois dans des actes de 1264, cette église est le plus vieil édifice de Berlin. Les petites rues pavées invitent à la flânerie.

Le bar-restaurant **Zum Nussbaum** est une copie conforme de l'ancienne auberge du même nom, située à l'origine sur l'île des Pêcheurs et immortalisée par les dessins de Heinrich Zille et d'Otto Nagel.

Juste avant le **pont de Mühlendamm** (Mühlendammbrücke) se dresse le **palais Ephraïm**. Ensemble de 20 maisons bourgeoises bâties en 1764 dans le style rococo, c'était autrefois la résidence la plus cotée de la ville. Le palais accueille aussi des expositions temporaires du **musée de la Marche** (Märkisches Museum) tout proche.

Sur le **Molkenmarkt**, place du marché la plus ancienne de Berlin, on remarque la coupole de la **Stadthaus**, autrefois annexe de l'hôtel de ville.

Après avoir franchi le pont de Mühlendamm, on pourra jeter un coup d'œil dans la Breite Strasse. Cette rue, jadis l'une des plus cossues de la ville, s'enorgueillissait d'édifices de toute beauté comme la **Ribbeck-haus**, de style Renaissance, et les anciennes **écuries royales** (Alter Marstall).

L'île des Pêcheurs

De l'autre côté du pont, l'**île des Pêcheurs** (Fischerinsel) occupe la partie sud de l'île sur la Spree. Aujourd'hui, plus rien n'indique qu'elle a été le berceau des villes jumelles de Berlin-Cölln. En effet, au lieu de reconstruire le quartier après la guerre, on a préféré le livrer aux pelleteuses afin de *« ne pas céder à la nostalgie »*. La démolition s'est étalée sur quatre ans, de 1967 à 1971, à la suite de quoi on a bâti six tours de 21 étages.

Le charme du bar-restaurant **Ahornblatt** ne suffit pas à rendre le quartier avenant.

Le **Köllnischer Park** (sur la rive gauche, face à la pointe sud de l'île) est un lieu beaucoup plus attrayant. Il

La Bibliothèq nationale, envahie par la vign vierge.

renferme la tour **Wusterhauser Bär**, vestige des fortifications du XVIIᵉ siècle. Non loin de là, quelques ours se prélassent dans leur fosse (*bär* veut dire « ours », animal qui est l'emblème de la ville).

Au-delà du monument dédié à Heinrich Zille, on arrive au **musée de la Marche** (Märkisches Museum), qui conserve une riche collection d'objets et de documents sur l'histoire de la région et de ses habitants.

En revenant vers l'île des Pêcheurs par Märkisches Ufer, on pourra faire une halte à l'**Ermelerhaus**, palais rococo qui abrite un restaurant.

Du **Gertraudenbrücke**, on aperçoit le **Jungfernbrücke**, pont le plus vieux de la ville (1798).

Friedrichstrasse

La Friedrichstrasse, axe nord-sud qui court sur plus de 3 km, connut son apogée dans les « années folles ». Il est difficile aujourd'hui d'imaginer l'animation qui régnait dans ses cafés, ses cabarets et ses palaces bien avant la guerre, même si la municipalité de Berlin-Est avait décidé, dès 1985, de « *rendre son éclat d'antan à la Friedrichstrasse* ».

La rue décline ses édifices de prestige : le **grand hôtel Metropol** (à l'angle d'Unter den Linden) ; le **Centre du commerce international** (au coin de la Clara-Zetkin-Strasse), que les Japonais ont construit un peu trop haut et un peu trop près du S-Bahn ; le **Metropol-Theater**, qui occupe le **palais de l'Amirauté** ; le **Weidendammer Brücke** (pont des années 1890) et son parapet orné de candélabres en fer forgé identiques aux originaux ; le **Berliner Ensemble** (1891-1892), célèbre théâtre fondé par Bertolt Brecht ; enfin le **Friedrichstadtpalast**, théâtre de variétés reconnaissable à ses vitraux et surnommé « grotte aux stalactites ».

Avec les grands magasins – les Galeries Lafayette, dans un palais de verre conçu par Jean Nouvel, les nouveaux Friedrichstadtpassagen, etc. –

La fontaine de Neptune.

qui commencent à ouvrir leurs portes Friedrichstrasse, la rue retrouve de l'animation. Reste à espérer que les cafés (comme le mythique **Kranzler**, disparu depuis longtemps) y retrouveront leur place une fois les nombreux projets de construction et de restauration achevés.

Quelques grands noms

Entre 1905 et 1932, le metteur en scène Max Reinhardt présida aux destinées du **Deutsches Theater** et des **Kammerspiele**, deux salles situées dans la Schumannstrasse (c'est aux Kammerspiele que Marlene Dietrich fit ses débuts sur les planches). Fidèles à leur tradition, les deux théâtres continuent à s'attaquer à tous les grands thèmes contemporains.

Non loin de là, l'**hôpital de la Charité** a été construit en 1710 sur ordre de Frédéric Ier. Le roi craignait que l'épidémie de peste qui ravageait la bourgade de Prenzlau ne s'étende à Berlin. Une fois le danger passé, l'édifice devint un hospice pour les pauvres et reçut le nom qu'on lui connaît aujourd'hui. Le bâtiment en brique, envahi par la vigne vierge, date de 1917. De grands noms de la médecine, comme Ferdinand Sauerbruch, Rudolf Virchow et Robert Koch, ont contribué à la renommée de l'hôpital.

Bertolt Brecht et sa femme Helene Weigel ont vécu dans un appartement de Chausseestrasse, aujourd'hui transformé en **musée-mémorial** (Brecht-Weigel-Gedenkstätte). Ils reposent tous deux au cimetière de **Dorotheenstadt**, tout près de là. Sur les tombes voisines, on peut lire les noms des philosophes Fichte et Hegel, des écrivains Arnold Zweig, Heinrich Mann et J. R. Becher, ou d'artistes comme Daniel Chodowiecki et John Heartfield. Sans parler de tous ceux, hommes politiques et autres, qui ont marqué l'histoire de l'Allemagne et celle, plus récente, de la R.D.A.

A la limite de Mitte et de l'arrondissement de Scheunenviertel, les **Hackesche Höfe** sont les cours d'une série de dix immeubles en enfilade, dans lesquelles des boutiques, des librairies, des antiquaires et des galeries d'art viennent de s'installer. C'est là aussi que se trouve le café-théâtre **Chameläon**.

Le quartier juif

Au détour des rues de Mitte, de vieilles enseignes effacées, des plaques commémoratives, des immeubles préservés par miracle rappellent qu'avant 1933, des milliers de juifs vivaient ici. Le **Scheunenviertel** (quartier des Granges), derrière **Oranienburger Tor**, était un dédale de ruelles pauvres, point de passage obligé des juifs d'Europe orientale qui arrivaient à Berlin. Il a servi de cadre à de nombreux romans. La communauté israélite a commencé à s'y réinstaller. On y trouve à présent des restaurants et des épiceries casher, des écoles et des institutions culturelles juives. Incendiée au cours de la nuit de Cristal puis endommagée par les bombardements, la **synagogue** vient de faire l'objet d'une restauration complète.

Ci-dessous, la statue de Bertolt Brecht, en face de son théâtre ; à droite, les statues de Marx et Engels n'intimident plus personne.

tité considérable de verre employée pour sa construction contrastent avec le revêtement doré de la **Philharmonie**, due à Hans Scharoun. La couleur or de la Philharmonie et de la **Kammermusiksaal** (salle de concerts de musique de chambre) adjacente fait écho à celle de la **Bibliothèque nationale** (Staatsbibliothek), de l'autre côté de Potsdamer Strasse.

Le **musée des Instruments de musique** (Musikinstrumenten-Museum) voisin de la Philharmonie, et le **musée des Arts décoratifs** (Kunstgewerbemuseum) en brique rouge, beaucoup plus sobre, complètent les musées de Tiergarten. Le Forum s'est enrichi de nouveaux édifices destinés à recevoir des collections issues d'autres musées.

En longeant la Bibliothèque nationale vers Potsdamer Platz, on aperçoit de rares vestiges de l'ancienne Potsdamer Strasse qui, avant la guerre, menait à l'un des carrefours les plus animés d'Europe. Ce tronçon n'existe plus depuis qu'on a dévié la rue pour construire la Bibliothèque nationale.

La façade fin de siècle du **grand hôtel Esplanade**, où se tenait le tribunal populaire national-socialiste, a souffert des bombardements. Le hall et la salle de bal de l'empereur sont cependant classés. Or l'hôtel est sur le terrain acquis par Sony après la réunification. Cette société japonaise a placé l'édifice entier sur des rails pour le décaler de 75 m afin de construire un nouvel immeuble à la place !

Potsdamer Platz

L'aménagement de la **Potsdamer Platz**, qui devrait s'achever en 2000, va transformer la physionomie du centre de la ville. Non contents d'y installer leur siège européen, Sony et Daimler Benz investissent dans tout le quartier. Pour l'heure, le gigantesque chantier attire de nombreux curieux.

Le **pont du Liechtenstein**, entre le zoo et le parc, enjambe le **Landwehrkanal**. Érigés au terme d'interminables débats politiques, les deux monuments qui flanquent l'ouvrage commémorent

Concert en plein air au Tiergarten.

la mort de Rosa Luxemburg et Karl Liebknecht en 1919.

Non loin de là, près de la station de S-Bahn Tiergarten, le **Berlin-Pavillon** accueille des expositions sur l'histoire de l'architecture à Berlin.

Sur le trajet, le **musée du Réverbère** (Laternenmuseum) présente une collection de becs de gaz provenant des quatre coins du monde.

De la colonne au quadrige

Au centre de Grosser Tiergarten, la **colonne de la Victoire** (Siegessäule), s'élance à 69 m de hauteur. La *Victoire* en bronze doré de Friedrich Drake (1873) qui la couronne célébrait la victoire de la Prusse sur le Danemark (1864), l'Autriche (1866) et la France (1871). En 1945, les troupes d'occupation dépouillèrent la colonne de ses quatre reliefs en bronze, qui ont réintégré leur place (la France a restitué le dernier à l'occasion du 750e anniversaire de la ville). La colonne fut érigée au centre de la Platz der

La Victoire, au sommet de sa colonne.

Republik. En 1938, on la transféra place Grosser Stern dans le cadre du projet d'extension de l'axe est-ouest en vue d'aménager une avenue digne de la nouvelle « Germania ».

La **statue de Bismarck**, groupe en bronze dû au sculpteur R. Begas en 1901, ainsi que celles des maréchaux von Moltke et Roon (1904), subirent le même sort. Elles ornent la lisière nord de la Grosser Stern.

On gagne la porte de Brandebourg par une allée qui traverse le parc parmi les statues de Lessing, Goethe, Wagner, Lortzing, Fontane et bien d'autres. Toutes datent de la fin du XIXe siècle.

Érigée par C. G. Langhans en 1791, la **porte de Brandebourg** (20 m de haut sur 65 m de large) s'inspire des propylées de l'Acropole, cet édifice inaugura l'ère de l'architecture néo-classique en Prusse. En 1868, une fois la barrière d'octroi supprimée, les guérites des ailes devinrent des passages pour piétons. Jusqu'à la révolution de novembre 1918, l'arche centrale resta réservée à la famille impériale.

Le quadrige de la Victoire qui trône au faîte de l'édifice est l'œuvre de Gottfried Schadow (1794). Détruit au cours de la Seconde Guerre mondiale, il a été reconstitué dans les années 50 car les moules existaient encore.

Le Reichstag

Le Reichstag et le consulat général de Suisse sont les seuls rescapés de l'**Alsenviertel**, ensemble grandiose autrefois niché dans une boucle de la Spree. La Kroll-Oper et les bâtiments de l'état-major n'ont pas survécu à la bataille de Berlin, en 1945, pas plus que les somptueux édifices qui ceignaient la vaste Königsplatz, actuelle **Platz der Republik**.

Les façades et les salles du **Reichstag**, bâti entre 1884 et 1894 par Paul Wallot dans le style Renaissance italienne, témoignent du goût pour l'opulence qui prévalait sous Guillaume Ier. L'incendie de 1933 détruisit la coupole de verre et la salle des réunions plénières. En 1945, il ne restait qu'une carcasse aux fenêtres béantes dont la reconstruction ne prit fin qu'en 1970.

LE PHILHARMONIQUE DE BERLIN

La silhouette de la Philharmonie et de la Kammermusiksaal (salle dédiée à la musique de chambre), sa petite sœur, domine l'ensemble moderne du Kulturforum. Au-dessus de l'auditorium, le pignon de la façade dorée s'élance hardiment vers le ciel.

Depuis l'inauguration de la Philharmonie, le 15 octobre 1963, Berlin s'enorgueillit à la fois d'un chef-d'œuvre d'acoustique et de l'une des plus grandes salles de concerts du monde. L'originalité de sa conception intérieure fait écho aux lignes avant-gardistes de son architecture extérieure, toutes deux dues à Hans Scharoun. Il eut l'idée de placer l'orchestre au milieu de la salle. Les 2 200 sièges se répartissent sur 9 niveaux qui s'étagent en pentagone autour de l'estrade centrale. Le public entoure ainsi les musiciens de tous les côtés, et l'acoustique est bonne même pour les rangs les plus éloignés.

La salle ouvre aussi ses portes aux Berliner Jazztage, au festival des cultures du monde et, de temps à autre, à des concerts de rock. Toutefois, la Philharmonie est avant tout le siège d'un orchestre de premier ordre qui se compose en fait de deux formations : l'orchestre philharmonique de Berlin (Berliner Philharmonische Orchester) est en quelque sorte l'ensemble officiel du pays et, à ce titre, il parcourt le monde en qualité d'ambassadeur de la musique berlinoise ; lorsque les 120 musiciens se réunissent pour enregistrer un disque, ils prennent le nom d'orchestre philharmonique de Berlin (Berliner Philharmoniker).

C'est sous Guillaume Ier que 54 musiciens firent sécession pour fonder un orchestre symphonique indépendant – initiative peu banale à l'époque. Le 1er mai 1882, ils décidèrent de se soustraire à la férule de leur directeur et chef d'orchestre, Benjamin Bilse, surnommé « le sergent-major de la musique ». A soixante-six ans, Bilse était à la tête de l'un des trois orchestres privés qui, à l'ombre de l'Opéra royal de la cour, avaient pour vocation de distraire le peuple berlinois. Résolus à constituer leur propre formation sur des bases démocratiques, ils élaborèrent des statuts prévoyant, entre autres, l'élection du directeur artistique, du chef d'orchestre et des nouveaux membres de l'ensemble. C'est ainsi que la Philharmonie de Berlin vit le jour le 17 octobre 1882 dans une patinoire désaffectée. Une semaine plus tard, elle mettait en vente les premiers abonnements, grande nouveauté à l'époque. Aujourd'hui encore, le fonctionnement démocratique de la Philharmonie, allié à un système de rémunération réglé par une convention collective, contribue à entretenir l'esprit de corps d'un des orchestres les plus prestigieux du monde.

Le « cirque Karajan » : tel est le surnom que valurent à la Philharmonie sa silhouette en chapiteau et son illustre chef d'orchestre. Né à Salzbourg en 1908, Herbert von Karajan rejoignit l'opéra de Berlin et le chœur de Berlin en 1938. Dès 1947, il prit la tête de l'orchestre philharmonique de Vienne puis, entre 1956 et 1964, dirigea l'opéra de Vienne. Ce n'est toutefois qu'après 1964, année de sa nomination à vie à la direction musicale de la Philharmonie de Berlin, qu'il devint célèbre dans le monde entier. A ce poste, Karajan succédait à Hans von Bülow, Arthur Nikisch et Wilhelm Furtwängler, qui avaient régné sur l'ancienne salle de concerts de la Bernburger Strasse. Située près de la gare d'Anhalt, elle fut détruite en même temps que cette dernière par un bombardement, le 30 janvier 1944.

Les heurts entre le maestro et l'orchestre aboutirent, en 1989, à une rupture définitive. Le 16 juillet 1989, Karajan mourait à quatre-vingt-deux ans. Constituée en 1968, la fondation Herbert von Karajan s'emploie à promouvoir la carrière des jeunes chefs d'orchestre et organise, entre autres, une biennale de la musique à Berlin. Claudio Abbado, actuel chef de la Philharmonie, est aussi le premier étranger à diriger ce prestigieux ensemble.

Les travaux destinés à en faire le parlement fédéral ont débuté en 1994.

Le **Tempodrom** a planté son chapiteau à l'ouest du **pont Moltke**. Ce haut lieu de la culture alternative perpétue la tradition des tentes sous lesquelles, durant plusieurs siècles, les habitants de la ville venaient se détendre, boire et danser, et à qui cette place devait le nom d'In den Zelten (« sous les tentes »). C'est ici que les huguenots installèrent leurs premières baraques de rafraîchissements, au milieu du XVIIIe siècle. Le Tempodrom devrait déménager pour Kreuzberg.

Non loin de là s'élèvent les lignes audacieuses du **palais des Congrès** (Kongresshalle), construit en 1957. Le toit en béton précontraint, don des États-Unis, s'effondra en 1980. Le bâtiment rouvrit en 1987, à l'occasion du 750e anniversaire de la ville. Il est plus connu aujourd'hui sous le nom de « maison des Cultures du monde » (Haus der Kulturen der Welt).

Non loin de là, une tour de 42 m de haut abrite le **carillon de Berlin**, offert par Daimler-Benz pour le 750e anniversaire de la ville. Il a une gamme de nuances particulièrement riche.

Vers Moabit

Ce quartier ouvrier cerné de canaux et ponctué d'immeubles ouvriers de la fin du XIXe siècle s'étend au-delà du Moltke-Brücke. Une grande partie de **Moabit** fut rattachée à Berlin dès 1861. On peut y voir les **halles du marché** (Grossmarkthallen) de la Beusselstrasse, le **port Ouest** (Westhafen), construit de 1914 à 1923, bel ensemble de bâtiments en brique dominé par la tour du bâtiment de direction, et le **tribunal criminel** (Kriminalgericht) de Moabit. Cette partie de la ville déclina après l'érection du mur.

La prison de Moabit englobe un tribunal criminel. Bon nombre de malfaiteurs célèbres, dont l'ingénieux « capitaine de Köpenick », ont comparu devant les juges dans ce palais de justice d'architecture wilhelminienne, bâti en 1903.

A gauche, la Philharmonie ; ci-dessous, paysage industriel du port Ouest (Westhafen).

le de Charlottenburg, autour de la Theodor-Heuss-Platz.

Bismarckstrasse, le **théâtre Schiller**, reconstruit en 1951, et l'**Opéra allemand** (Deutsche Oper), rebâti en 1961, s'élèvent non loin de la station de U-Bahn Deutsche Oper.

Vers l'hôtel de ville

« *Les vastes avenues qui traversent Charlottenburg sont bordées d'innombrables cafés et tavernes qui prospèrent grâce aux joyeux fêtards berlinois. Çà et là s'élèvent les villas où rentiers et banquiers prennent leurs quartiers d'été* » : c'est en ces termes qu'en 1850 Robert Springer décrivait la future **Otto-Suhr-Allee** (Otto Suhr fut maire de Berlin-Ouest de 1955 à 1957). L'art de vivre d'antan a fait place à d'interminables rangées d'immeubles froids et monotones.

Avec sa haute tour de l'horloge qui s'élance à 88 m, l'**hôtel de ville** (Rathaus) de Charlottenburg, près de la station de U-Bahn Richard-Wagner-Platz, se voit de loin. Cet édifice Art nouveau fut inauguré le 20 mai 1905 à l'occasion du bicentenaire de Charlottenburg. Le bâtiment est gigantesque – les administrés l'ont appris à leurs dépens, à force de se perdre dans ses longs couloirs…

La rue **Alt-Lietzow**, qui passe derrière l'hôtel de ville, comporte encore quelques témoins des origines rurales du quartier. Charlottenburg s'étend, en effet, sur le site d'un ancien village du nom de Lützow ou Lietzow.

Érigée en 1864, l'ancienne **villa Kogge** (au n° 28 d'Alt-Lietzow) abrite un bureau de l'état civil.

Nombre d'habitants de Charlottenburg reposent au cimetière **Luisenfriedhof**, aménagé Guerickestrasse en 1815.

Sur **Gierkeplatz** se trouve l'**église Sainte-Louise** (Luisenkirche), érigée en 1712-1716.

Autour de cette place, le « Kiez » (quartier traditionnel) recèle une maison de maître qui évoque bien la physionomie de Charlottenburg à l'époque

L'I.C.C. et la tour de la Radio.

où Frédéric Ier lui accorda le statut de ville, en 1705. Au n° 13 de Schusterusstrasse, elle est l'un des derniers témoins de la vie des petits propriétaires fonciers au XVIIIe siècle.

Charlottenburg baroque

Le **château de Charlottenburg** (Schloss Charlottenburg) est considéré comme le plus bel exemple d'architecture prussienne de la partie occidentale de Berlin. Le dernier palais des Hohenzollern sur la Spree a énormément souffert pendant la guerre. Mais, grâce à de minutieux travaux de restauration, ce joyau d'architecture baroque prussienne a retrouvé sa splendeur. En 1695, la comtesse Sophie-Charlotte, future reine de Prusse (1658-1705), confia à Arnold Nering l'édification d'une résidence d'été à 8 km de Berlin. La façade de 550 m de long est le fruit de près de cent ans de construction et de transformations. Au XVIIIe siècle, les souverains décidèrent de faire de ce château une résidence royale et de le

Simulateur de vol à l'université technique.

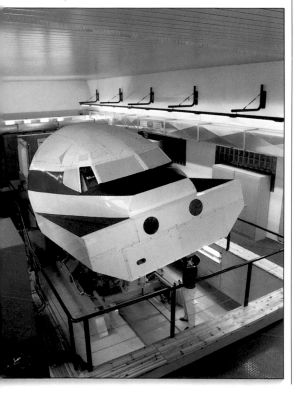

doter d'une cour d'honneur et de jardins à la française. Dès lors commença l'aménagement des abords du palais.

Eosander von Göthe, architecte de la cour, ajouta une **orangerie** de 143 m à l'ouest du pavillon central et couronna ce dernier de sa coupole. Au sommet de celle-ci, qui culmine à 48 m, la déesse Fortune tourne au gré des vents. Puis Frédéric le Grand confia à Knobelsdorff la réalisation de la **nouvelle aile** (Neuer Flügel), à l'est du pavillon central. Conçu par C. G. Langhans en 1790, le **théâtre de Langhans** abrite le **musée de Préhistoire et de Protohistoire** (Museum für Vor- und Frühgeschichte). Enfin, la **petite orangerie**, avec son agréable café-restaurant, vient compléter le tableau.

La **statue équestre du Grand Électeur** (Reiterdenkmal des Grossen Kurfürsten, 1698) trônait à l'origine sur le Lange Brücke, pont en face du **château de Berlin** (Berliner Schloss). Si l'œuvre d'Andreas Schlüter est aujourd'hui au milieu de la cour d'honneur, c'est que, pendant la Seconde Guerre mondiale, on avait mis la statue en lieu sûr, à Potsdam. En 1946, elle reprit le chemin du port de Borsighafen, sur le Tegeler See. Or la péniche qui la ramenait coula. En 1965, on repêcha la statue et on la restaura avant de l'installer dans la cour du château de Charlottenburg.

La restauration des salles historiques, à l'issue de la Seconde Guerre mondiale, a représenté des décennies d'un travail méticuleux. Le premier étage de l'aile Knobelsdorff abrite la **galerie dorée** (Goldene Galerie), qui date de l'époque rococo. C'est ici qu'on peut admirer la collection de tableaux et la bibliothèque de Frédéric le Grand, dans ses appartements. Depuis 1986, la galerie du Romantisme (Galerie der Romantik) occupe le rez-de-chaussée de l'aile Knobelsdorff.

Imaginé et aménagé par Simon Godeau en 1697, le parc du château fut le premier en Allemagne à s'inspirer du style français. Puis, au début du XIXe siècle, Lenné donna à ces jardins des traits de l'art paysager anglais.

Les employés de la cour et les officiers vivaient en face du château, dans les deux **pavillons de la Garde royale**

SCHÖNEBERG

Les téléspectateurs du monde entier connaissent au moins une image de Schöneberg : celle de l'**hôtel de ville** (Rathaus), longtemps point de passage obligé de tous les hommes d'État en visite à Berlin. C'est ici que le 26 juin 1963, sous les acclamations de 400 000 personnes, Kennedy prononça ces mots devenus célèbres : « *Ich bin ein Berliner.* » La place dominée par la tour d'horloge carrée porte aujourd'hui le nom du président assassiné, et la cloche de la Liberté, copie de celle de Philadelphie, offerte par les États-Unis, y sonne tous les jours à midi.

Lorsque le maire de la commune autonome de Schöneberg posa la première pierre de l'édifice municipal, en mai 1911, il ne se doutait pas que, quarante ans plus tard, l'endroit allait tenir une place centrale dans la vie politique berlinoise : elle devint en effet le siège du bourgmestre en exercice de Berlin-Ouest.

Depuis la chute du mur, l'hôtel de ville de Schöneberg est redevenu simple mairie d'arrondissement, tandis que l'administration municipale de Berlin réunifiée s'est réinstallée dans le Rotes Rathaus, à Mitte.

Friedenau et Wilmersdorf

L'est et l'ouest de Schöneberg sont deux univers aux antipodes l'un de l'autre. **Friedenau** se distingue de « l'île rouge » tant par son habitat que par sa composition sociale, et le quartier bavarois n'a rien à voir avec la Potsdamer Strasse. Avec ses 12 km², Schöneberg est l'un des trois plus petits arrondissements de Berlin et l'un des plus pauvres en espaces verts. Au grand dam de ses 135 000 habitants, c'est aussi celui qui compte le plus grand nombre d'axes routiers.

Au sud de l'hôtel de ville, le **parc Rudolph-Wilde** est l'une des rares enclaves de verdure. Juché sur son socle en bronze, le « cerf d'or », emblème de Schöneberg, rappelle qu'ici s'étendaient autrefois des forêts peu-

Une Victoire dans une arrière-cour de Schöneberg.

plées de bêtes sauvages. Au-delà de la Kufsteiner Strasse, le parc se confond avec le **Volkspark Wilmersdorf**.

Une bourgade paisible

En remontant la Dominicusstrasse à partir de l'hôtel de ville, on pénètre dans le centre historique de Schöneberg. Le plus vieil édifice, la **Dorfkirche** (église du village) bâtie en 1766 sous Frédéric II, couronne un tertre en bordure de la Hauptstrasse. La partie la plus animée de cette artère, entre Kaiser-Wilhelm-Platz et Dominicusstrasse, s'agrémente d'une allée arborée qui rappelle ses origines rurales.

Dès 1264, il est fait mention de Schöneberg dans des actes officiels : c'est à cette époque que le prince ascanien Otton III de Brandebourg fit don aux sœurs bénédictines de Spandau de quelques arpents de terre dans la « villa Sconenberch ». Le village commença à prendre de l'ampleur dès 1506, année où il passa en la possession du prince électeur Joachim Ier. Étape sur la route Berlin-Potsdam, ce gros bourg occupait une position stratégique qui lui valut bien des déboires pendant la guerre de Sept Ans (1756-1763) : en 1760, les troupes russes le réduisirent en cendres.

Lors de la reconstruction, on prit soin de paver le chemin conduisant à Potsdam. Traversé par la première grand-route de Prusse, Schöneberg ne pouvait que se rapprocher de Berlin. Les voyageurs y faisaient halte sur la route de la capitale. Des auberges, des échoppes d'artisans, des exploitations horticoles s'y établirent. Mais le village a longtemps conservé son caractère bucolique et il est resté l'un des buts de promenade favoris des Berlinois jusqu'au début du XXe siècle.

Entre 1875 et 1898, la population passa de 7 500 à 75 000 âmes. Schöneberg devint une commune à part entière et l'on construisit de nouveaux logements pour faire face à l'explosion démographique. Le quartier résidentiel de Friedenau, dans le sud-ouest de l'arrondissement, fut aménagé en 1871 en vue d'accueillir des fonctionnaires et des retraités aux revenus confor-

LES AMÉRICAINS À BERLIN

Lorsque l'opéra royal d'Unter den Linden ouvrit ses portes au XVIIIe siècle sur une représentation de *César et Cléopâtre*, toutes les vedettes sans exception étaient italiennes. En 1992, pour le 250e anniversaire de cette vénérable institution (qui s'appelle aujourd'hui Deutsche Staatsoper), on donna le même spectacle, avec une différence notable : la diva acclamée par le public, Janet Williams, était améri-

concerts. D'autres artistes, moins connus, se produisent dans les bars et autres hauts lieux musicaux de la ville.

La présence des Américains à Berlin ne date pas d'hier : au début du XXe siècle, ils étaient déjà 20 000 sur les bords de la Spree. Ils possédaient même leur propre quartier et leur église, du côté de Nollendorfplatz. Entre 1919 et 1933, la ville de toutes les avant-gardes, où l'on s'amusait avec frénésie, exerçait un attrait sans pareil sur les Américains et les Britanniques : Ernest Hemingway (1899-1961), Thomas Wolfe (1900-1938), le cinéaste anglais Anthony Asquith succombèrent à

caine. On lui proposa un engagement à long terme, qu'elle fut prompte à accepter : elle trouvait en effet que Berlin dégageait « *de bonnes vibrations* ». Aujourd'hui, elle affirme se sentir davantage chez elle ici qu'à New York ou à Détroit, où elle a passé son enfance et son adolescence.

Artistes et écrivains

Les Américains ont laissé leur empreinte sur la vie culturelle berlinoise. Des personnalités de renom telles que Jocelyn B. Smith, Queen Yahna ou Pete Wyoming Bender honorent régulièrement de leur présence les boîtes de jazz et les salles de

son charme. Christopher Isherwood (né en 1904), Anglais devenu américain d'adoption, y vécut quatre ans et écrivit deux romans dans lesquels il observait la montée du nazisme : *M. Norris change de train* et *Adieu à Berlin* (ouvrage qui inspira à Bob Fosse son célèbre film *Cabaret*, tourné en 1972).

Les protecteurs

En 1933, tous les étrangers quittèrent le territoire berlinois. Les « Yankees » ne réapparurent qu'en 1945, dans le rôle de libérateurs pour certains, d'« occupants » pour d'autres. Les jeunes générations d'Allemands s'empressèrent d'adopter les styles de vie d'outre-Atlantique.

En 1951, on érigea devant l'aéroport de Tempelhof un monument dédié au pont aérien (Luftbrückendenkmal) pour saluer l'efficacité des *rosinenbomber* (bombardiers distributeurs de raisins secs) qui ravitaillèrent Berlin durant le blocus (1948-1949).

L'une des grandes artères de Zehlendorf devint la Clayallee, en hommage au général américain auteur du plan de sauvetage. Par sympathie envers les Berlinois (et à des fins éducatives), les États-Unis offrirent au *land* de Berlin les ouvrages qui

cours duquel il prononça la phrase célèbre : « *Ich bin ein Berliner* » (« *Je suis un Berlinois* »), plus de deux ans après la construction du mur.

Après les militaires, ce fut au tour de la bohème et des voyageurs impénitents de réinvestir la ville. La communauté anglophone n'a jamais cessé de se développer depuis.

Il faut dire qu'elle dispose de toutes les infrastructures nécessaires : non loin de la gare du Zoo, l'Amerika-Haus reçoit plus de 250 périodiques et conserve plus de 7 000 ouvrages et 1 500 cassettes vidéo dans la langue de Shakespeare.

allaient constituer le fonds de l'A.G.B. (Amerika Gedenkbibliothek), à Kreuzberg. C'est aujourd'hui la plus vaste bibliothèque publique de la ville.

Le soutien apporté par les États-Unis à Berlin-Ouest, vitrine du « monde libre » perdue au cœur du bloc communiste, marqua durablement les relations entre les deux pays. En 1963, pour protester contre l'érection du mur, le président Kennedy tint son discours légendaire, du haut du balcon de la mairie de Schöneberg, au

A gauche, la chanteuse d'opéra Janet Williams, berlinoise d'adoption ; ci-dessus, le style américain dans la capitale impériale.

On ne compte plus les librairies anglophones. La B.B.C. et la B.F.B.S. (British Forces Broadcasting System) ont cessé d'émettre, mais pas l'A.F.N. (American Forces Network), indifférente au départ des troupes alliées. Tous les soirs, la chaîne B1 diffuse un journal télévisé en anglais. La plupart des chambres d'hôtel disposent de la télévision par câble, et on y reçoit entre autres C.N.N. et Superchannel.

Janet Williams s'est intégrée dans la cité brandebourgeoise. Jamais elle ne s'est sentie rejetée par les Berlinois. Elle trouve la ville splendide et accueillante. Seul petit reproche : le climat, pas vraiment souriant à son goût.

Le parc regorge de monuments commémoratifs. La **fontaine des Contes de Fées** (Märchenbrunnen) qui en orne l'extrémité ouest depuis 1913 fut offerte aux enfants du quartier atteints de rachitisme et de typhoïde. Décorée de personnages des contes des frères Grimm, cette fontaine néobaroque est l'œuvre de l'architecte Ludwig Hoffmann.

Tout près de là se dresse un monument inattendu, érigé à la mémoire des Allemands qui combattirent dans les Brigades internationales pendant la guerre civile espagnole (Gedenkstätte für den Deutschen Interbrigadisten).

Au **cimetière de Märzengefallenen**, à la pointe sud-est du parc, reposent de nombreux Berlinois tués par les soldats sous Frédéric-Guillaume IV lors de la révolution de mars 1848. Jusqu'à la Première Guerre mondiale, un public nombreux venait se recueillir sur leurs tombes. Les autorités impériales prenaient soin de retirer les couronnes funéraires qui arboraient des inscriptions jugées subversives.

Un peu plus loin, une statue honore la mémoire des marins de Kiel, qui donnèrent le coup d'envoi de la révolution de 1918. En guise d'épitaphe, on peut lire cette phrase prononcée par Lénine en 1919 : « *Aidez la classe ouvrière à prendre le pouvoir, luttez contre tous ceux qui s'opposent à cela !* »

Derrière ces monuments se dessinent deux collines artificielles, **Grosser Bunkerberg** et **Kleiner Bunkerberg**, formées sur les décombres de deux bunkers bombardés. Entre ces deux monticules, on a aménagé un petit lac ombragé ainsi qu'un échiquier géant.

Jusqu'au milieu du XIXᵉ siècle, on y cultivait quelques pieds de vigne, mais aucun gourmet ne se serait risqué à goûter la piquette obtenue ! Dans les années 1740, le satiriste Adolf Glassbrenner parlait d'un « *vin qui se boit à trois* » : un homme pour ingurgiter le breuvage, deux autres pour tenir leur compagnon…

Travaux dans les rues de Friedrichshain.

Socialisme et architecture

La gigantesque artère transversale qu'est la **Karl-Marx-Allee** fut construite à la gloire du « *réalisme socialiste* ». A la fin de la guerre, l'avenue – qui s'appelait déjà Frankfurter Allee – n'était plus qu'un amas de ruines. Au début des années 50, la direction du S.E.D. (parti socialiste unifié) décida de construire sur le même tracé la « *première avenue socialiste de Berlin* », baptisée alors Stalinallee. Il s'agissait d'offrir aux travailleurs des conditions de vie confortables et de prendre en compte les nouvelles exigences de la circulation automobile.

L'avenue mesure 80 m de large, soit 20 m de plus qu'Unter den Linden. La première tranche de travaux s'acheva en un temps record. On omet toutefois de préciser que les ouvriers affectés à cet ouvrage s'insurgèrent contre l'augmentation des normes de production. Ce mouvement aboutit à la révolte du 17 juin 1953, réprimée dans le sang. Dans cette avenue, tout élément d'architecture paraît démesuré, des porches des immeubles, en passant par les trottoirs et la chaussée elle-même, envahie par la circulation aux heures de pointe.

La Karl-Marx-Allee.

La liberté ou la mort

Les moteurs vrombissent aussi dans la Landsberger Allee, le long des façades massives qui bordent la limite sud du Volkspark. C'est ici, entre les murs de la **brasserie de Bohême** (Böhmisches Brauhaus), que la **Freie Volksbühne** vit le jour en 1890. Ce « théâtre populaire libre » fut fondé grâce aux collectes des syndicats auprès des ouvriers afin de permettre l'accès de tous à la culture. Lorsque Joseph Kainz, célèbre acteur berlinois de l'époque, incarna le personnage de Karl Moor dans *les Brigands*, de Schiller, il prononça quelques mots qui enflammèrent la foule : « *Désormais, nous sommes libres, camarades. Je sens une armée sous mon poing. La liberté ou la mort !* »

L'ancienne place Lénine (Leninplatz), rebaptisée **place des Nations-unies** (Platz der Vereinten Nationen), n'a rien perdu de son austérité. En 1991, on démantela la monumentale statue de Lénine (19 m) qui s'élevait en son centre, pour faire taire les protestations des Berlinois. La place est aujourd'hui vacante, mais nul ne sait qui succédera au héros de la révolution d'Octobre.

Stralau

Au beau milieu des constructions préfabriquées subsistent quelques vestiges de l'ancien noyau urbain de **Stralau**. C'est là qu'a lieu chaque année le Stralauer Fischzug, tradition qui remonte au Moyen Age. Aujourd'hui comme hier, le festival est surtout l'occasion de boire de la bière en échangeant des plaisanteries.

Müllenstrasse, près de la Hauptbahnhof, 118 artistes de 21 pays ont réalisé une fresque de 1,3 km de long dont la conservation n'est cependant pas assurée, entre autres à cause de la pollution.

loyers alliée à l'animation du quartier ont attiré des étudiants sages et des Berlinois aux revenus moyens.

Ce phénomène n'est pas récent. La création du IVe arrondissement à la frontière sud du centre remonte à 1920, année de la grande réforme administrative. On regroupa alors trois anciens faubourgs, Friedrich-stadt-Sud, Luisenstadt et Tempelhof, au sein d'une même entité. Certains fonctionnaires municipaux souhaitaient baptiser le nouvel arrondissement Hallesches Tor, car cette station de métro riveraine du Landwehrkanal était un point de repère pour tous les Berlinois. Mais, ce nom ne faisant pas l'unanimité, on lui préféra celui de Kreuzberg, qui désignait le point culminant du quartier.

Dans les années 20, Kreuzberg était un quartier avant tout résidentiel. Les abords de Friedrichstrasse et de Koch-strasse subirent une importante mutation quand on se mit à transformer en bureaux de plus en plus d'immeubles d'habitation. Le nombre d'habitants

diminua, mais la composition sociale et démographique du quartier varia peu.

Un peu plus à l'est, à **Luisenstadt** (dans le SO 36), les familles d'ouvriers s'entassaient dans de lugubres appartements d'une ou deux pièces, sans salle de bains, avec les toilettes sur le palier.

Quant aux rangées de villas de **Tempelhof**, elles abritaient une population d'employés et de fonctionnaires aux revenus nettement plus élevés.

Tempelhof se distinguait de **Friedrichstadt-Sud**, qui était alors le quartier de la presse et le centre névralgique de Berlin. Friedrichstadt-Sud comprenait en effet la fameuse Friedrichstrasse, de même que l'élégante Wilhelmstrasse, où s'élevaient le palais présidentiel, la chancellerie et le ministère des Affaires étrangères.

C'est sur le territoire de l'actuel Kreuzberg que se trouvaient les deux grandes gares de Berlin. A la lisière de la ville, sur l'actuelle Askanischer Platz, la première société (privée) des

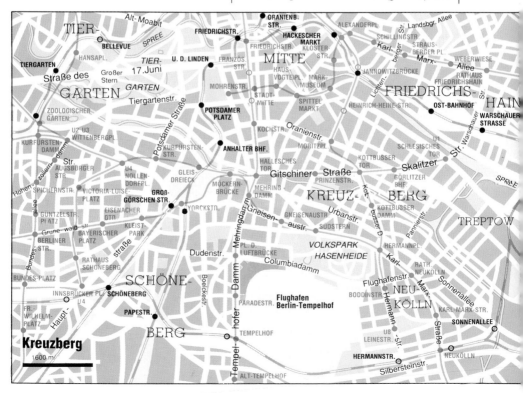

chemins de fer de Prusse construisit une gare pour desservir Potsdam. Elle fut inaugurée le 29 octobre 1838, événement qui marqua le début de l'histoire ferroviaire berlinoise.

Au début du XXᵉ siècle, les voyageurs se pressaient chaque jour dans les vastes salles des pas perdus de **Potsdamer Bahnhof** et d'Anhalter Bahnhof.

L'ancien château d'eau qui se trouve dans l'enceinte du **musée des Transports et des Techniques** (Museum für Verkehr une Technik) date de cette époque.

Autour de la gare d'Anhalt

Tout ce qui reste de la gare d'Anhalt.

Le carrefour d'autrefois, très animé, a fait place à un immense terrain vague, longtemps livré aux chats errants. On a peine à imaginer que les sociétés de production cinématographique et les compagnies d'assurances y avaient naguère leur siège, que de luxueux palaces comme l'Excelsior ou le Stuttgarter Hof y étalaient leur faste,

et que le quartier vivait au rythme des cafés, restaurants et cabarets où l'on s'amusait jusqu'à l'aube.

Seule subsiste aujourd'hui l'ancienne façade de la **gare d'Anhalt** (Anhalter Bahnhof), qui fut la plus grande gare de la ville jusqu'à sa destruction en mai 1945.

La **Konzerthaus**, salle de concerts où l'orchestre philharmonique de Berlin connut ses premiers triomphes, s'élevait Bernburger Strasse.

Parmi les ruines qui ont été rasées après la guerre se trouvait le **Prinz-Albrecht Palast**, au n° 102, Wilhelmstrasse. On comprend qu'on ait préféré faire disparaître ces mauvais souvenirs. Le palais était en effet le siège de la Gestapo et des services de sécurité des S.S. Heinrich Himmler, chef de la S.S., Heydrich et Eichmann, entre autres, y avaient leurs bureaux.

Le nouveau visage de Kreuzberg

En se promenant dans les rues de Kreuzberg, on ne peut que constater

rues y convergent pour former une étoile.

L'**église de Garnison** (Garnisons-kirche), qui occupe le centre du rond-point, n'est plus un lieu de culte depuis des années.

Vers le nord-est, en direction de la Kottbusser Tor, la physionomie des rues change du tout au tout : on quitte en effet un quartier bourgeois pour pénétrer dans le **SO 36**, beaucoup moins cossu. Les immeubles délabrés alternent avec les façades rénovées et les cafés branchés côtoient de vieux estaminets au charme désuet. Autant de vestiges du temps où Kreuzberg était le royaume de la bohème et des peintres naïfs.

Quoi qu'il en soit, les origines ouvrières de Kreuzberg sont de moins en moins perceptibles. Dès les années 70, la municipalité a mis en œuvre une stratégie spécifique pour empêcher que le quartier ne finisse de se détériorer.

L'I.B.A., exposition internationale d'architecture qui s'est tenue en 1987,

a joué un rôle non négligeable dans cette évolution. Elle fut le point de départ d'un programme de rénovation de l'habitat ancien et de construction d'immeubles neufs conçus pour s'intégrer harmonieusement à ce qui existait.

Le Kreuzberg profond

Il suffit d'observer la Mariannenplatz pour se convaincre de la pertinence de cette démarche. Tout autour de cette place semi-circulaire, les façades en stuc restaurées succèdent aux bâtiments ultramodernes où le verre prédomine, sans que cela choque le moins du monde. Au centre s'élève la **fontaine des Pompiers** (Feuerwehr-brunnen) de Kurt Mühlenhaupt.

La **Künstlerhaus Bethanien** est un ancien hôpital converti en centre culturel et artistique, où c'est la communauté turque qui a voix au chapitre. Il abrite des ateliers d'artistes, plusieurs imprimeries, une salle d'exposition, un théâtre, une bibliothèque turque et les services culturels de l'arrondissement. Ce centre joue son rôle de lieu d'échanges entre les cultures turque et allemande.

Malgré les slogans hostiles qui salissent parfois les façades, les deux communautés vivent en assez bons termes. C'est du moins ce que l'on constate en se rendant au **marché turc** qui se tient le mardi et le vendredi sur Maybach-ufer. Dans une ambiance de bazar, les femmes turques coiffées d'un foulard et leurs compatriotes se pressent sur la promenade au bord de l'eau. Au milieu des étals de fruits et légumes, à côté des pâtisseries orientales, s'amoncellent des ustensiles de cuisine venus de tous les coins du monde. L'odeur de la viande grillée et des épices met l'eau à la bouche du promeneur affamé.

A elle seule, Oranienstrasse est une parfaite synthèse de Kreuzberg. Les bars d'où s'échappe une musique apocalyptique et où l'on croise des *« anges couverts de chaînes, aux cheveux bariolés »* (Kits Hilaire) succèdent aux cafés turcs et aux bistrots du coin.

A gauche, la ligne 1 du métro.

UN GIGANTESQUE CHANTIER

Berlin est en passe de retrouver son statut de mégalopole européenne, grâce à la venue du gouvernement en l'an 2 000. D'ici là, la capitale de l'Allemagne est un vaste chantier en raison de la mise aux normes des routes, des réseaux électriques et des conduites d'eau des quartiers est. En outre, les chantiers de construction nombreux et de tailles diverses provoquent des déviations sans fin.

On considère celui de Potsdamer Platz comme le plus important entrepris en Europe depuis 1945. Il s'étend sur 115 000 m², et 10 000 ouvriers s'activent parmi plus de 50 grues pour mener à bien la construction de la trentaine d'immeubles d'habitation et de bureaux, de théâtres, de salles de cinéma et de boutiques conçues par des architectes comme Renzo Piano, Hans Kollhof, Richard Rogers ou Helmut Jahn. Ce dernier a remporté le concours pour les dix bâtiments surplombés d'une tour de 103 m, de la société Sony qui, avec Daimler-Benz, a acheté les deux parcelles qui forment Potsdamer Platz. Détruite par les bombardements alliés avant que le mur ne la coupe en deux en 1961, cette place est appelée à devenir le centre de Berlin. Ce sera chose faite, en principe, en l'an 2000.

Accueillir le gouvernement à cette date fatidique implique de loger les neuf ministères et leurs administrations qui doivent déménager de Bonn à Berlin.

Outre la construction d'une nouvelle gare ferroviaire – la Lehrter Bahnhof – les instances gouvernementales vont se concentrer autour de trois sites : le Spreebogen, l'île de la Spree et les alentours de Wilhelmstrasse et de Leipzigerstrasse.

La construction du quartier du gouvernement se fait sous la houlette de l'architecte berlinois Axel Schultes. Son projet va intégrer des bâtiments gouvernementaux avec la chancellerie sur une bande est-ouest entre la gare de Friedrichstrasse et le Moabiter Werder.

Non loin de là se trouve le château de Bellevue, palais du président de la République. Quant au Reichstag, il est remis à neuf sous la direction de sir Norman Foster, architecte britannique dont le projet de coupole de verre coiffant le bâtiment a suscité l'approbation, à la différence du réaménagement de l'île de la Spree, au bout d'Unter den Linden, dont les plans suscitent une levée de boucliers en raison de la destruction prévue du palais de la République. La reconstruction de la Bauakademie de Karl Friedrich Schinkel (1781-1841), qui se trouvait à l'emplacement du ministère des Affaires étrangères de R.D.A. aujourd'hui démoli, pose des problèmes budgétaires. Il est cependant acquis que le ministère des Affaires étrangères s'installera dans l'ancienne banque du Reich, devenus en 1945 le siège du comité central du parti communiste est-allemand.

Quant à la Friedrichstrasse, elle est en passe de redevenir une grande artère commerciale.

La plupart des ministères s'installeront dans le centre, autour de Wilhelmstrasse, quartier des ministères avant la guerre. Ainsi, l'ancien ministère de l'Air, construit en 1936, est réaménagé en vue d'accueillir le ministère fédéral des Finances tandis que l'ancien hôpital du gouvernement est-allemand (Invalidenstrasse) est le futur siège du ministère de l'Économie.

La rénovation de bâtiments concerne non seulement ceux qui sont destinés au gouvernement, mais aussi 39 zones de réhabilitation urbaine dont 15 dans l'est de la ville. La rénovation des 270 000 logements préfabriqués construits par le régime communiste dans les années 60 entraîne aussi la mise en place de nombreux projets architecturaux.

Au pied du chantier de la Potsdamer Platz, l'Info-Box abrite plans et maquettes de la place. De la terrasse, on a une vue imprenable sur le chantier.

reliaient jadis Berlin au nord-est du pays.

Schönhauser Allee, on découvre le **cimetière juif** (Jüdischer Friedhof), où le peintre Max Liebermann (1847-1935) a sa dernière demeure.

Dès 1861, la colline aux portes de la ville commença à se couvrir de *miets-kasernen*. Lors de sa création, en 1920, l'arrondissement comptait 312 000 habitants. Prenzlauer Berg intéressera les amateurs d'histoire et d'architecture. En effet, les attaques aériennes ne l'ont pas trop endommagé, et les rares édifices construits ou rénovés depuis la guerre en ont peu modifié la physionomie. Environ 90 % des immeubles d'habitation comportent cinq étages. Chaque porche donne accès à un dédale d'arrière-cours où les rayons du soleil ont du mal à se frayer un chemin.

Ces immeubles étaient autrefois de véritables îlots de misère. Derrière l'éclat trompeur des façades en stuc, on s'entassait dans des appartements sombres et humides. Les sanitaires collectifs étaient insuffisants et les loyers scandaleusement élevés : le peintre Heinrich Zille ne croyait pas si bien dire lorsqu'il prétendait qu'un appartement peut tuer aussi sûrement qu'une hache.

Aujourd'hui, ces immeubles ont souvent meilleure allure à l'intérieur qu'à l'extérieur. Des fragments de stuc pendent des murs lépreux. Çà et là, on aperçoit la brique sous le crépit des façades. Dans les rues les plus larges, autrefois bordées de jardinets, on a arraché les pavés et planté des fleurs. Au-dessus des petits magasins en sous-sol, de vieilles enseignes à moitié effacées trahissent les habitudes de consommation des anciens résidents : harengs et pommes de terre ; choux ; savon. Depuis la réunification, de nombreux magasins ont commencé à réinvestir ces locaux : vidéoclubs, boutiques de mode, magasins d'alimentation ou d'informatique, etc.

Bien que sa population ait diminué de moitié en quelques décennies et qu'on n'ait pas construit de grands

Petit bal en plein air pour de vieux habitants de Prenzlauer Berg.

ensembles sur son territoire, Prenz-lauer Berg reste l'arrondissement le plus densément peuplé de Berlin après Kreuzberg. Les deux tiers de ses habitants vivent dans des appartements qui datent d'avant 1919. Les résidents ont fait de leur mieux pour retaper ces immeubles vétustes. Depuis peu, une mise aux normes de confort est entreprise, bien que bon nombre d'appartements aient encore un poêle à charbon et les toilettes sur le palier. Mais, cercle vicieux bien connu, la hausse des loyers entraîne souvent le départ des habitants.

Autour de Kollwitzplatz

Prenzlauer Berg a pour emblème le **château d'eau** (Wasserturm, 1875) qui domine Windmühlenberg, Knaack-strasse. Au fil des ans, la fine tour voisine du château d'eau arbora les couleurs de nombreux partis politiques. Le dernier drapeau à avoir flotté au vent fut l'étendard noir et rouge des squatters, qui barrait également

Les jeunes gens se distraient à leur façon.

les façades des maisons qu'ils occupaient. La tour fait partie de la toute première installation hydraulique de la ville, bâtie en 1856 par une firme anglaise. En dessous, on peut admirer une partie des voûtes en brique de l'ancien réservoir à ciel ouvert.

Les portes de fer qui barrent le pied de la colline renferment de sinistres secrets. En 1933, les nazis y amenaient les communistes du quartier pour les torturer. Une stèle commémorative rend hommage aux victimes.

Outre l'intérêt architectural de Rykestrasse, l'immeuble sur cour du n° 53, juste en face du château d'eau, abrite une **synagogue** en brique rouge qui date de 1904. Les nazis la mirent à sac en 1938, mais renoncèrent à l'incendier par crainte que le feu ne se propage aux logements voisins. Ce fut la première synagogue restaurée en Allemagne, de 1976 à 1978. Derrière cet édifice s'étendent la Kollwitz-strasse et Kollwitzplatz.

Le sculpteur Käthe Kollwitz et son époux Karl, médecin des pauvres, habitaient l'immeuble à l'angle de Knaackstrasse (anciennement Weissenburger Strasse 25). Sur le site dévasté par les bombes, devenu un jardin pour les enfants, une statue, *Die Schützende Mutter* (« la mère protectrice »), a été réalisée d'après un dessin de l'artiste. Elle fait face à une imposante sculpture en bronze qui représente Käthe Kollwitz assise, et sur laquelle les enfants du quartier s'amusent à grimper. Depuis quelques années, une multitude de bars et de théâtres indépendants ont investi la place et les rues adjacentes, où une joyeuse animation règne le soir.

« Honnywood » est le surnom de Husemannstrasse, qui part de Kollwitzplatz. Construite vers 1890, cette rue commerçante fit l'objet d'une rénovation à l'ancienne à l'occasion du 750ᵉ anniversaire de la ville, en 1987. Ornements en stuc, fenêtres, portes d'entrée, panneaux de rues, enseignes de magasins : on fit preuve d'un tel souci du détail que la rue ressemble à un décor de film. D'ailleurs, on y croise parfois des équipes de tournage de cinéma ou de télévision.

Au n° 12, Husemannstrasse, le **musée de la Vie ouvrière** (Museum Berliner Arbeiterleben um 1900) est un ancien appartement ouvrier aménagé pour la visite qui présente une collection d'objets et de documents qui témoignent de la vie des ouvriers dans le Berlin des années 1900. L'établissement est ouvert du lundi au mercredi, de 10 h à 15 h.

Autour du Thälmannpark

L'**Ernst-Thälmann-Park** occupe le site d'une ancienne usine à gaz. C'est un vaste espace vert qu'agrémentent un centre culturel, plusieurs aires de jeux, une piscine et un complexe de logements. C'est en 1986 qu'on inaugura le monument de la Greifswalder Strasse, pour commémorer le centième anniversaire de la naissance d'Ernst Thälmann, l'un des meneurs du mouvement ouvrier berlinois, devenu chef du parti communiste. L'aménagement du Thälmannpark, projet de prestige dont le but était d'offrir à Prenzlauer

Berg un nouveau centre moderne, fit couler beaucoup d'encre. En effet, l'ensemble architectural détonne par rapport aux immeubles alentour, qui datent tous de la fin du XIXᵉ siècle. Quoi qu'il en soit, l'aménagement d'un nouveau parc ne fut pas pour déplaire aux riverains car Prenzlauer Berg est plutôt pauvre en espaces verts.

A la pointe nord du parc s'élève le **planétarium**. Sous sa majestueuse coupole, on a tout le loisir d'explorer le système solaire et de découvrir les secrets du ciel berlinois.

Dans l'entrée du **musée d'Histoire locale** (Heimatmuseum Prenzlauer Berg), un relief sculpté rend hommage à Hermann Blankenstein, architecte de la ville à qui l'on doit les édifices municipaux construits entre 1886 et 1889.

Schönhauser Allee

On accède à Schönhauser Allee, artère animée, par la station de métro Eberswalder Strasse. Au pied du métro aérien se trouve l'un des *imbiss* les plus connus de la ville, le **Konnopke's**. Célèbre pour sa saucisse au curry et ses frites, c'est un lieu de passage obligé.

Mais le « boulevard du Nord » n'est pas comparable aux grands quartiers commerçants de la partie occidentale. Le carrefour que forment la Schönhauser Allee, la Dantzigerstrasse et la Kastanienallee est l'un des plus fréquentés de la ville. On y trouve le **Prater**, parc où toutes sortes de fêtes et d'événements populaires ont lieu depuis 1867.

Par temps de pluie, on pourra se promener le long du métro aérien. Depuis sa construction en 1913, les Berlinois le surnomment « parapluie municipal ».

Un peu plus au nord, à l'ouest de la station de métro Schönhauser Allee, s'étend la *« zone en cours d'assainissement »* d'Arnimplatz. Sous la présidence d'Erich Honecker, cette politique urbaine entendait faire écho aux programmes de *« rénovation douce »* mis en place à Kreuzberg.

A gauche, jeune femme et son chien; à droite, Husemann strasse, ancienne vitrine de l'Est.

population et les activités économiques du quartier.

L'ancien portail en brique des **usines A.E.G.** (1891) de Brunnenstrasse, réservé autrefois aux « cols blancs », est l'un des derniers témoins du passé industriel de l'arrondissement. En fermant sa dernière usine de Wedding en 1984, l'entreprise du secteur électrique fondée par Emil Rathenau en 1883 tournait une page de l'histoire industrielle de Berlin.

Le monument néo-gothique se reflète aujourd'hui sur la façade vitrée d'un immeuble de bureaux aux allures futuristes. Le groupe informatique Siemens-Nixdorf a bâti sur le même site (au n° 111) une unité de production où travaillent 1 200 personnes. Le tout au milieu des anciens bâtiments d'A.E.G., qui s'étendent jusqu'à Ackerstrasse.

L'atelier où l'on fabriquait autrefois de petits moteurs, Voltastrasse, et l'usine d'installations à très haute tension de Hussitenstrasse évoquent les débuts de l'ère industrielle. On les doit à l'architecte Peter Behrens.

Aujourd'hui, le quartier est devenu le « Silicon Wedding », et A.E.G. vit à l'heure de la micro-électronique. Le B.I.G., Berliner Innovations- und Gründerzentrum (Centre d'innovation et d'aide à la création d'entreprises) a élu domicile Ackerstrasse. Un nouveau lieu d'exposition, le Kunstquartier Ackerstrasse, a ouvert ses portes dans une usine désaffectée. Dans la cour intérieure, l'artiste Ben Wargin présente ses œuvres, qui sont d'une grande originalité.

Le long de Müllerstrasse

L'entreprise la plus importante de l'arrondissement est **Schering**, qui emploie 5 000 collaborateurs dans ses vastes locaux de **Weddingplatz**. Le groupe chimique et pharmaceutique a installé ses services administratifs dans une tour de 14 étages à la pointe sud-ouest de Wedding. Tant que le mur existait, c'était la seule entreprise de rayonnement international a avoir conservé son siège social à Berlin-Ouest. L'histoire du groupe a commencé dans la petite pharmacie-herboristerie d'Ernst Schering, Müllerstrasse ; cette rue est aujourd'hui la grande artère commerçante et le centre de Wedding.

L'hôtel de ville (Rathaus), à la hauteur de la station de métro Leopoldplatz, est un immeuble administratif sans grâce de 49 m de haut, qui communique par un couloir vitré avec l'ancien édifice bâti dans les années 20.

Au n° 163, Müllerstrasse, la **Kurt-Schumacher-Haus** abrite le siège régional du S.P.D. Les sociaux-démocrates ont toujours joué un rôle déterminant dans la politique de l'arrondissement. Les premiers logements H.L.M. datent de l'époque où Carl Leid était maire de Wedding. Les « cubes d'habitation » du quartier africain (Afrikanisches Viertel), conçus par Mies van der Rohe, en sont un exemple.

Sous la république de Weimar, d'autres architectes de renom tels que Bruno Taut, Paul Emmerich ou Paul

Maisons fraîchement restaurées.

Mebes, tentèrent de faire oublier les *mietskasernen* du XIXᵉ siècle en construisant la **Friedrich-Ebert-Siedlung**, ensemble de logements « modèles » situé entre Müllerstrasse et les Rehberge.

Deux églises néo-classiques, la **Nazareth Kirche** de Leopoldplatz et l'**église Saint-Paul**, à l'angle de Badstrasse et de Pankstrasse, à Gesundbrunnen, comptent parmi les édifices les plus anciens de l'arrondissement. On les doit à Karl Friedrich Schinkel.

L'enseignement et la recherche

L'arrondissement doit son nom à Weddinge, village qui s'étendait de part et d'autre de Nettelbeckplatz. Le quartier de Gesundbrunnen se constitua à partir d'un second noyau de peuplement, autour de Badstrasse. Gesundbrunnen désignait une source au bord de la Panke. La source disparut en 1882, lors des travaux de canalisation de la Panke. L'industrialisation des alentours se fit peu après.

L'**hôpital Rudolf-Virchow**, du nom de son fondateur, s'étend jusqu'à la rive nord du canal Berlin-Spandau. Médecin et député progressiste au Reichstag, Virchow (1821-1902), qui avait bataillé pour faire construire un centre hospitalier moderne dans le nord de Berlin, finit par obtenir gain de cause. L'établissement, qui ouvrit ses portes en 1906, était révolutionnaire pour l'époque : c'était une véritable cité-jardin qui égrenait 57 pavillons à l'intérieur d'un parc. La nature était censée contribuer à la guérison des malades, dans ce quartier surpeuplé de la capitale.

Robert Koch (1843-1910), à qui la découverte du vibrion cholérique et du bacille de la tuberculose valut le prix Nobel, transféra son institut des maladies infectieuses de l'**hôpital de la Charité**, dans l'arrondissement de Mitte, à la rive nord du canal Berlin-Spandau en 1900. L'institut qui porte son nom et l'équipe de l'Office fédéral de la santé jouent un grand rôle dans la recherche sur le sida.

Une ·spasienne 1900.

Dans les années 20, de nombreux artistes et écrivains (Heinz Knobloch, Hans Fallada, Willy Bredel et Arno Holz...) avaient élu domicile dans les rues voisines de **Majakowskiring**.

On peut visiter l'ancien appartement de l'écrivain et homme politique Arnold Zweig (1887-1968), au n° 13 de Homeyerstrasse.

En traversant la paisible place Heinrich-Mann, on atteint le n° 11 de Leonhard-Frank-Strasse, où vécut Ernst Busch, l'un des premiers artistes à rejoindre les brigades internationales en Espagne. Il est connu pour ses chansons engagées.

Carl von Ossietzky, éditeur de la revue *Weltbühne* et prix Nobel de la paix en 1935, résida au 24-26 de la rue qui porte son nom. Arrêté par les nazis, il mourut de la tuberculose contractée en prison. Il repose au cimetière de Niederschönhausen au côté de sa femme, qui avait ressuscité la *Weltbühne* à Berlin-Est en 1946.

Non loin de là, le **Bürgerpark** a toujours été l'une des destinations favorites des promeneurs berlinois. Passé le portail richement décoré qui rappelle les arcs de triomphe italiens, on pénètre dans un univers romantique. Pelouses et parterres de fleurs parfaitement entretenus, fontaines, statues d'animaux, cafés en plein air : l'endroit idéal où échapper à la vie citadine...

A l'ouest du parc s'étendent le cimetière communal de Pankow, le Waldfriedhof Pankow et les vastes pelouses du **Volkspark Schönholzer Heide**. Pour s'y rendre à partir du Bürgerpark, on longe la Bahnhofstrasse, autrefois bordée par le mur.

Le musée d'Histoire locale

Le **musée d'Histoire locale** (Panke Museum), au n° 8, Heynestrasse, tout près de Wollankstrasse, dans un immeuble du quartier ouvrier de Pankow, est installé dans un appartement bourgeois typique décoré en 1893. Les deux pièces de réception ont des fresques au plafond et de nombreuses tapisseries. Le poêle en faïence

L'imposant mémorial de l'armée soviétique

d'époque, la cuisine et surtout la salle de bains sont à remarquer, comme le réaménagement d'une partie de l'appartement entrepris pendant la guerre à la suite des réquisitions. On peut y admirer quelques souvenirs du pionnier du cinéma Max Skladanowsky (1863-1939), qui donna sa première séance en novembre 1895 au Wintergarten, théâtre de variétés de Pankow.

Pankow compte de beaux immeubles et monuments aux endroits les plus inattendus. L'**hôtel de ville** (Rathaus) de Breite Strasse 24-26 et le **lycée Carl von Ossietzky** (Gymnasium, Görchstrasse 43-44) sont des exemples typiques de l'architecture impériale. Le second, construit par Carl Fenten, s'inspire de la Renaissance allemande, y compris pour ses aménagements intérieurs (cage d'escalier...).

L'ensemble d'immeubles (qui disposent de tout le confort moderne) des n°s 14-26, Grabbeallee, construit en 1908-1909 par Paul Mebes pour des fonctionnaires, annonce l'idée d'ensemble résidentiel.

Rudolf Dörrier, \>roniqueur \> Pankow.

La **Maison hollandaise** (Holländerhaus), demeure bourgeoise à deux étages au balcon en bois sculpté, à l'angle de Dietzgenstrasse et de Platanenstrasse, date de 1816.

Au bout de Dietzgenstrasse se trouve le **dépôt de tramways** de la fin du XIXe siècle. C'est à Pankow, vers 1895, qu'on mit en circulation le premier tramway. Tiré par des chevaux, il reliait l'hôtel de ville et l'actuelle gare de S-Bahn de Gesundbrunnen.

Les églises du XIIIe siècle en granit des anciens villages de **Buch** et de **Blankenfelde** ont été agrandies au XIXe siècle.

Il en va de même de celle de **Buchholz**, qu'on surnomma « Buchholz le Français » lorsque des huguenots s'y établirent en 1688. Un quartier de 3 000 logements et 6,6 km de rues doit y sortir de terre d'ici l'an 2000.

Le **jardin botanique** de l'université Humboldt, agrémenté d'une serre tropicale et de cactus, est en cours d'aménagement entre **Rosenthal** et Blankenfelde, non loin de Buchholz.

d'aménagement de la commune, est inachevé. De conception originale, l'ensemble témoigne d'une page de l'histoire sociale de Berlin, tout en offrant un agréable contraste avec les cités ouvrières traditionnelles.

Le cimetière juif

C'est à Weissensee que, jadis, les communes du centre de Berlin ont fait transférer leurs cimetières. Aujourd'hui, on peut se promener au **cimetière juif** (Jüdischer Friedhof), le plus grand d'Europe et l'un des plus intéressants de la ville, tant d'un point de vue historique que culturel. En 1880, la communauté juive, qui comptait à l'époque plus de 65 000 membres, fit l'acquisition de ces 40 ha car, dans le vieux cimetière de Schönhauser Allee, la place venait à manquer.

A l'époque, Weissensee était loin des portes de Berlin. C'est Hugo von Licht qui conçut le porche d'entrée en briques jaunes très bien conservé. Les noms qui figurent sur les stèles des caveaux de famille reflètent l'importance de la communauté juive de Berlin.

Wittlicher Strasse, à l'est de l'arrondissement, compte un autre **cimetière juif**, celui de la communauté orthodoxe Adass Jisroel. Fermé par les autorités de Berlin-Est vers 1975, il resta à l'abandon une vingtaine d'années. Beaucoup y viennent tout simplement en flâneurs.

Architecture et loisirs

L'ancien pacage du village s'étendait jadis à l'angle de Falkenberg Strasse et de Berliner Allee. C'est là que s'élève l'**église médiévale** de Weissensee, agrandie en 1863 et en 1899.

Entre 1926 et 1930, l'architecte Bruno Taut a marqué Busch-Allee de son sceau en y bâtissant une rangée d'immeubles qui s'étire sur 1 km, pratiquement jusqu'à Hohenschönhausen. Le style fonctionnel de Bruno Taut se retrouve dans le tronçon nord de Trierer Strasse.

Un jardin où l'on se sent chez soi.

La décoration des façades est l'œuvre du peintre Karl Schmidt-Rottluff, qui usa tant des couleurs vives que le quartier est surnommé Papageiensiedlung («la cité des perroquets»).

Weissensee est aussi le fief des sportifs : le **forum sportif** (Sportforum Berlin) y occupe 45 ha et le **gymnase de la Dynamo**, flanqué d'une piscine et d'une patinoire, accueille des compétitions nationales et internationales.

Au nord du Weisser See, le **vélodrome** (Radrennbahn Weissensee) longe la Rennbahnstrasse. Il comporte une piste en plein air et peut accueillir 9 000 spectateurs.

Les espaces verts qui entourent le vélodrome ne sont pas le royaume exclusif des admirateurs de la petite reine, ils accueillent aussi des concerts de rock et autres manifestations populaires.

Si le centre de Weissensee est un quartier à la fois industriel et résidentiel, Falkenberg, Malchow et Wartenberg offrent un visage beaucoup plus rural. C'est d'ailleurs ici que se concentre un tiers des terres cultivées de Berlin ; on y produit surtout des légumes.

Falkenberg, Malchow et Wartenberg

La Berliner Allee conduit à **Malchow**, dans le nord de l'arrondissement. De l'église du XIIIe siècle, dont l'imposant clocher était jadis l'emblème de la commune, il ne reste plus que quelques pans de mur depuis la bataille de Berlin à la fin de la Seconde Guerre mondiale.

Non loin de là, l'église de **Wartenberg**, qui date de la même époque, a connu le même sort lors d'un raid aérien en 1945.

Quant à l'église de **Falkenberg**, elle n'eut pas plus de chance. La mère d'Alexander et Wilhelm von Humboldt en avait fait construire le clocher en 1795, avant d'y fonder un caveau de famille pour elle et pour ses deux maris.

Concert sur le stade de Weissensee.

TREPTOW

L'arrondissement est placé sous le signe du foyer industriel qui borde le Landwehrkanal, celui des vastes parcs qui se déploient le long de la Spree et celui du mémorial soviétique, témoin de l'histoire de cette partie de la ville.

Le village de Treptow prit naissance sur la *merica*, vaste lande au sud-est de la métropole. En 1261, le margrave Othon III fit don de ce domaine à la ville de Cölln. En 1435, cette dernière racheta des terres aux templiers, étendant ainsi son territoire à 1 200 ha. En 1568, le nom de la communauté de pêcheurs de Trepkow apparut pour la première fois dans des actes officiels. C'est en 1740 qu'elle devint Treptow.

Les eaux poissonneuses de la Spree, axe de communication naturel, les voies navigables artificielles qu'étaient le **Landwehrkanal**, le **Spreekanal** et le **Treptowkanal**, ainsi que la proximité d'une vaste forêt offraient à la petite ville de nombreuses possibilités. Durant les *Gründerjahre* (années 1870), puis au début du XXe siècle, ces conditions permirent à Treptow de prendre son essor.

Aujourd'hui encore, les usines chimiques, sidérurgiques et de traitement du bois dominent la physionomie de l'arrondissement. L'industrialisation des zones situées autour du Landwehrkanal, du Wiener Brücke et du Schlesische Brücke commença dès 1750, avec l'installation des tanneries Lohmühlen. Dans les *Gründerjahre*, Treptow attira de nombreuses entreprises.

Les usines Elektro-Apparate-Werke, notamment, s'établirent au nord de la gare de S-Bahn Treptower Park. Reprise par A.E.G., qui en fit un grand fabricant d'appareils électriques, l'entreprise devint, sous le régime socialiste, l'un des plus grands groupes industriels de Berlin-Est, avec 10 000 employés.

Le quartier de **Baumschulenweg** prit une relative indépendance grâce à une exploitation horticole qui a donné naissance au domaine de **Marienthal**. En 1864, Franz Späth transféra à Baumschulenweg une pépinière fondée en 1720 par Christian Späth. Érigée vers 1864, la magnifique villa de style classique tardif de Späthstrasse faisait partie de l'exploitation horticole, qui était à l'époque la plus grande d'Allemagne. L'édifice abrite les services administratifs de l'**arboretum** du musée d'Histoire naturelle. Le parc de 3,5 ha, ouvert de mai à octobre, vaut le déplacement.

Les quartiers de **Niederschöneweide**, **Johannisthal** et **Adlershof**, fondés au XVIIIe siècle, ont également été rattachés à Treptow, de même qu'**Altglienicke** et **Bohnsdorf**, villages du XIIIe siècle.

Les lignes de chemin de fer qui relient Berlin aux villes du Sud passent au beau milieu de Treptow. L'arrondissement est aussi un point névralgique du trafic automobile. Aux heures de pointe, les trois grandes artères de l'arrondissement que sont Adlergestell, Köpenicker Landstrasse et Puschkin-Allee, absorbent un flot impressionnant de véhicules.

A gauche, la grande roue de Spree Park; ci-dessous, la roseraie.

Au bord de la Spree

De la roseraie, on aperçoit, de l'autre côté de la Spree, le clocher de l'**église d'Alt-Stralau**, bâtie au XVᵉ siècle. Ébranlée lors d'un bombardement au cours de la Seconde Guerre mondiale, elle est encore nettement inclinée.

En longeant la berge, on atteint le restaurant **Zenner**, endroit idéal où déjeuner et danser dans un cadre superbe. Son histoire commence en 1602, année où la municipalité acquit une cabane de pêcheurs à cet emplacement. Les occupants y installèrent une taverne transformée, en 1702, en brasserie du nom de Spreebudike (qui vient de *boutique*, sous l'influence des huguenots français). Un siècle plus tard, Carl Ferdinand Langhans la remplaça par le Neues Gasthaus an der Spree, inauguré en 1822. A l'époque, la nouvelle auberge était du dernier chic. Elle fut par la suite rebaptisée Zenner, du nom d'un de ses tenanciers.

Le Zenner offre un excellent point de vue pour admirer le feu d'artifice *Treptow in Flammen*, qui a lieu tous les ans depuis 1825.

Un pont tournant d'une portée de 76 m relie la rive de la Spree à l'**Abtei-insel** (île de l'Abbaye), surnommée Jugendinsel (île de la Jeunesse) car elle abrite un centre de loisirs. On y trouve un théâtre en plein air où ont aussi lieu des concerts, une vaste plage ainsi qu'un stand de location de canots.

On traverse Bulgarische Strasse pour rejoindre l'ancien **Kaiserbad** (« bain de l'empereur ») et les terrasses sur la Spree d'où l'on peut admirer une vue splendide sur Stralau, l'Abteiinsel et les autres petites îles de la Spree.

De là, le **Spree Park**, parc d'attractions qui s'étire sur 12 ha au nord de Plänterwald, n'est plus très loin. Il attire chaque année plus d'un million de visiteurs. C'est ici que se tient le **Rummel**, fête foraine de Berlin ouverte du printemps à l'automne. Les 40 cabines de la grande roue montent à 45 m de haut. Un peu plus au sud se trouvent aussi un théâtre de plein air et des installations sportives.

Un système de canaux complet relie le quartier industriel de Treptow aux voies d'eau de Berlin.

L'imposant **mémorial soviétique** (Sowjetisches Ehrenmal) du Treptower Park, du côté opposé à la Spree, à la droite de la Puschkin-Allee a été érigé entre 1946 et 1949. C'est le plus grand monument de Berlin à la gloire des 5 000 soldats de l'Armée rouge tombés lors de la bataille de Berlin. À l'entrée, une sculpture taillée dans un bloc de granit de 50 t représente la mère patrie russe. Une large allée bórdée de bouleaux conduit au tombeau d'honneur, flanqué de deux drapeaux en berne en marbre rouge. Deux statues représentant des soldats à genoux gardent l'entrée du cimetière. Au-delà de l'entrée, deux rangées de sarcophages blancs (ornés chacun d'une citation de Staline) s'étirent jusqu'au mausolée cylindrique. Là, sur un tertre, un bronze de 11 m de haut représente un soldat qui serre un enfant sur sa poitrine et dont l'épée fait voler en éclats une croix gammée.

Plus au nord, à l'ombre d'arbres séculaires, s'étend un joli plan d'eau, le **Karpfenteich** (étang aux Carpes).

Le ciel et les étoiles

En continuant dans la même direction, on découvre l'**Archenhold-Sternwarte**, observatoire ouvert au public. Inauguré en 1896, c'est moins à la grande foire commerciale qui eut lieu cette année-là qu'il doit son existence qu'à la générosité des Berlinois et au dynamisme de son fondateur, l'astronome Friedrich Simon Archenhold. Son télescope extérieur de 21 m et de 130 t n'est plus en service. En 1959, l'observatoire se dota d'un planétarium Zeiss, capable de simuler le mouvement de 5 000 astres sur une voûte céleste de 6 m de diamètre. Il possède aussi un télescope à miroir. Depuis 1970, l'observatoire abrite un département de recherche en histoire de l'astronomie.

Non loin de l'observatoire, le **bois des Cosmonautes** renferme les bustes de Youri Gagarine, premier homme à avoir effectué un vol spatial, et de Sigmund Jähn, héros de l'espace de la R.D.A.

L'usine de câbles Kabelwerk Oberspree (K.W.O.).

Autour de Richardplatz

La tour de l'**hôtel de ville** (Rathaus Neukölln) domine Karl-Marx-Strasse, rue principale de l'arrondissement, du haut de ses 65 m.

La station de métro Karl-Marx-Strasse mène à **Richardplatz**, place qui se trouve dans le cœur historique de l'arrondissement.

Un document de 1360 fait référence à la bourgade de Richardsdorp, qui allait devenir **Rixdorf**. Située sur la route qui reliait Cölln à Köpenick, elle se composait de quelques fermes disposées autour d'une place tout en longueur.

De cette époque ne subsistent que la **Bethlehems-Kirche**, église luthérienne de Bohême bâtie au XVᵉ siècle, et l'antique forge de village.

Le village tchèque

En 1737, 400 réfugiés protestants originaires de Bohême s'établirent à Rixdorf, autour des actuelles Richard-strasse et Kirchgasse. Avec sa propre salle paroissiale, ses fermes blotties les unes contre les autres, son petit cimetière austère tenu par les frères moraves, le **village tchèque** (Böhmisches Dorf) faisait figure « *d'oasis presque déplacée* » (Egon Erwin Kisch), à côté des trépidations de Neukölln. On baptisa le village **Böhmisch-Rixdorf** pour le distinguer du vieux Richardsdorf.

Les deux localités se confondirent en 1874 et Rixdorf devint une ville autonome en 1899. En 1912, les autorités municipales décidèrent de remettre au goût du jour le nom de Cölln, ancienne cité jumelle de Berlin, et rebaptisèrent leur commune Neukölln.

Lors de la constitution du Grand Berlin en 1920, on rattacha à Neukölln **Britz**, **Buckow** et **Rudow**, villages qui n'ont rien perdu de leur caractère bucolique.

C'est à Buckow que se trouve le **Buga** (Bundesgartenschau). Ces floralies organisées en 1985 ont doté

Concert de jazz dans le Körner-park.

Neukölln, où les îlots de verdure sont rares, d'un splendide espace de détente. Sur 100 ha s'étendent des prés et des forêts agrémentés de cours d'eau, de parterres de fleurs et d'un vaste lac artificiel.

Deux expériences d'urbanisme

Les conditions de vie des classes populaires firent de Neukölln une véritable poudrière. Pour tenter de prévenir certains problèmes, on édifia de 1925 à 1931 un ensemble de 2 500 logements sur l'ancien domaine seigneurial de Britz. Les architectes Martin Wagner et Bruno Taut, qui imaginèrent la **Hufeisensiedlung** («cité du fer à cheval», ainsi nommée à cause de sa forme), mirent les techniques de construction modernes au service de l'habitat social. Cet ensemble construit sous la république de Weimar apparaît aujourd'hui encore comme un exemple d'urbanisme réussi.

On ne peut pas en dire autant de **Gropiusstadt**, situé un peu plus au sud.

La statue de Friedrich Ludwig Jahn, «père de la gymnastique».

Walter Gropius, fondateur du Bauhaus, dessina les plans de cette cité-satellite dont la construction commença en 1962. L'immeuble de 31 étages conçu par Gropius est la plus haute tour d'habitation de Berlin. Tout autour, des bâtiments disposés en arc de cercle s'étagent sur 16 niveaux. Les architectes ont doté la nouvelle cité d'espaces verts et d'aires de jeux dès sa conception. Ils ont aménagé une vaste coulée verte en forme de faucille, où se succèdent quatre stations de métro. Quoi qu'il en soit, les 60 000 habitants de Gropiusstadt vivent dans des conditions peu enviables. D'ailleurs, depuis quelques années, les idées des Republikaner (le parti de la droite nationale) ont trouvé un écho favorable dans cet univers durement touché par le chômage, l'immigration et les problèmes sociaux.

Le «kiez» retrouvé

La réputation de l'**opéra de Neukölln** (Neuköllner Oper), théâtre lyrique indépendant, a depuis longtemps dépassé les limites de l'arrondissement.

Quant aux peintres et aux sculpteurs, ils disposent aujourd'hui de la vaste **Galerie im Körnerpark** pour exposer leurs œuvres.

Le **Körnerpark**, qui s'étire entre Hermannstrasse et Karl-Marx-Strasse, est un ravissant jardin public agrémenté d'escaliers, de jeux d'eau et de splendides parterres de fleurs.

La présence au cœur de l'arrondissement de ce paradis en miniature est une agréable surprise car Neukölln abrite une forte proportion d'établissements industriels. Un laboratoire de copie de films, la cimenterie Eternit, la brasserie Berliner Kindl et la chocolaterie Trumpf n'en sont que quelques exemples.

A Neukölln, le passé se mêle au présent, l'agitation citadine à la quiétude provinciale. C'est dans ces rues qu'il faut flâner pour comprendre ce qu'est le *Berliner kiez*, pour savoir à quoi ressemble la vie d'un vrai quartier populaire berlinois.

BERLIN VUE DU CIEL

Berlin est sans doute la seule ville au monde qui possède un monument à la gloire de son trafic aérien. Le Luftbrückendenkmal qui trône devant le terminal de départ de Tempelhof commémore le pont aérien. De juin 1948 à mai 1949, 1 300 appareils chargés de produits de première nécessité y atterrirent chaque jour. Aux heures de pointe, un quadrimoteur Skymaster se posait ou repartait toutes les 90 secondes. Les trois couloirs aériens qui, jusqu'à une période récente, constituaient le seul « *accès libre et non contrôlé à Berlin-Ouest* », sont entrés dans la légende.

Des années durant, les Alliés restèrent maîtres de l'espace aérien berlinois. Pendant la guerre froide, le Centre de sécurité aérienne de Berlin (C.S.A.B.) était la seule institution commune aux Alliés et à l'Union soviétique. Des représentants des quatre puissances d'occupation se relayaient pour monter la garde au C.S.A.B., dans le bâtiment du Conseil de contrôle. Ils veillaient à ce qu'aucun appareil circulant en dehors des heures autorisées ne s'aventure par inadvertance dans la zone du camp adverse.

Après l'entrée en vigueur de l'accord sur le trafic en transit (en décembre 1971) et l'allégement des formalités qui en résulta, la fréquentation des autoroutes entre Berlin et l'Allemagne de l'Ouest augmenta au détriment du transport aérien. Les grandes compagnies comme Air France et British Airways se partagèrent le marché restant. Mais elles n'étaient pas à plaindre : elles bénéficiaient d'un quasi-monopole (la Lufthansa n'ayant pas le droit de desservir Berlin) et le gouvernement de Bonn leur octroyait de généreuses subventions.

En 1987, dans le cadre de son « initiative de Berlin », Ronald Reagan s'engagea en faveur d'une meilleure desserte aérienne de Berlin. En 1988, la Communauté européenne prit des mesures visant à libéraliser le trafic aérien. Dès lors, les compagnies luttèrent âprement pour accroître leurs parts de marché. Quant aux riverains, ils s'organisèrent pour protester contre les nuisances dues à ce regain de trafic.

Ce mouvement de protestation ne changea pas grand-chose ; le sénat parvint seulement à convaincre les compagnies aériennes de se servir d'appareils plus silencieux. Depuis la chute du mur, Berlin, avec ses aéroports de Tempelhof et Tegel à l'ouest, et Schönefeld à l'est, est en passe de redevenir le carrefour aérien qu'elle était dans les années 20. Les pistes de Schönefeld souffrent déjà de saturation. La tour de contrôle de Tegel supervise plus de 300 décollages et atterrissages quotidiens et le nombre total de passagers y dépassait 7 millions fin 1990.

Tegel et Tempelhof sont tous deux implantés dans l'enceinte de la ville, c'est-à-dire au milieu d'une zone à forte densité de population. Même Schönefeld, qui était autrefois le plus grand aéroport est-allemand, se trouve confronté à des problèmes hérités des années de partition. Le régime communiste avait commencé à aménager une nouvelle zone résidentielle sur le territoire d'Alt-Glienicke, à deux pas de Schönefeld.

On envisage deux solutions pour répondre à l'accroissement du trafic dans les années à venir : agrandir Schönefeld ou bien construire un nouvel aéroport de grande capacité à l'extérieur de Berlin (le site de Sperenberg, à 45 km au sud de la ville, est actuellement à l'étude).

Quoi qu'il en soit, il est peu probable que ce projet voie le jour avant les années 2010. A ce moment-là, les aéroports de Tegel et de Schönefeld fermeraient leurs portes, ce qui est une piètre consolation pour les riverains actuels. Les nuisances sonores devraient décroître plus rapidement pour les habitants de Tempelhof. Des voix s'élèvent en effet pour demander la conversion du site en zone d'habitation. Nul ne sait si elles parviendront à se faire entendre.

Devant l'aéroport s'élève le **Luft-brückendenkmal**, mémorial dédié au pont aérien. La sculpture en béton réalisée par Eduard Ludwig en 1951 représente l'ébauche de l'arche d'un pont, les pointes qui la surmontent figurant les trois couloirs aériens qui reliaient Berlin à l'Allemagne de l'Ouest. Sur le socle du monument, on peut lire le nom des 70 pilotes alliés et des quatre assistants allemands qui périrent accidentellement au cours du pont aérien.

Faisant référence aux maigres rations dont ils devaient se contenter pendant le blocus, les Berlinois eurent tôt fait de rebaptiser ce monument Hungerkralle (« griffe de la faim »). La base aérienne américaine Rhin-Main, à l'aéroport international de Francfort, en possède une réplique de dimensions plus réduites. C'est en effet de Francfort et de Wiesbaden que les avions-cargos décollaient à destination de Tempelhof.

Non loin de la Platz der Luftbrücke, au n° 2 de Schulenburgring, se dresse

A gauche, affiche de la Lufthansa dans les années 20; ci-dessous, l'église d'Alt-arienfelde.

un immeuble dont la façade est peinte en vert. En apparence, rien ne le distingue des bâtiments alentour. Toutefois, dans l'entrée, une plaque discrète rappelle qu'en mai 1945, le rez-de-chaussée servit de poste de commandement au général soviétique Tchuikov. Par ailleurs, c'est depuis le premier étage que le général Katukov dirigea les opérations visant à prendre la chancellerie et le Reichstag.

C'est dans cet immeuble que, le 2 mai 1945, le dernier commandant de Berlin, le général Weidling, signa la capitulation de ses troupes. Pour la population berlinoise, la guerre s'achevait enfin. On peut voir la table en chêne sur laquelle le général Weidling signa le document au musée d'Histoire locale de Tempelhof.

Le **Tempelhofer Damm**, qui passe devant la Platz der Luftbrücke, correspond au tracé de l'ancienne route impériale 96, qui mène à Zossen, au sud de Berlin. L'avenue prend ensuite le nom de Mariendorfer Damm, puis de Lichtenrader Damm, du nom des anciens villages qu'elle traverse. Dans le cadre de la réforme administrative de 1920, on regroupa **Tempelhof**, **Mariendorf**, **Lichtenrade** et **Marien-felde** pour former le XIIIᵉ arrondissement du Grand Berlin. La population de cet arrondissement, qui a triplé en moins de soixante-dix ans, est aujourd'hui de 191 000 habitants.

Le centre de Tempelhof

C'est autour de la rue Alt-Tempelhof que se niche le vieux centre : le pré communal d'antan est devenu un jardin public et quelques fermes ont résisté au temps. En face de l'**hôtel de ville**, qui date des années 30, la tour d'une **église fortifiée** du XIIIᵉ siècle domine un charmant petit parc. Très endommagée par les bombardements, l'église a été reconstruite en 1956.

Un peu plus au sud, l'ancienne école communale de Mariendorf abrite le **musée d'Histoire locale** (Heimat-museum Tempelhof), Alt-Mariendorf 43, qui conserve une collection de meubles, d'objets d'art populaire et de documents d'époque.

A gauche, affiche de la Lufthansa dans les années 20; ci-dessous, l'église d'Alt-arienfelde.

L'ancien domaine seigneurial d'**Alt-Lichtenrade** a conservé son caractère bucolique, avec son étang bordé de saules pleureurs, son auberge traditionnelle et son antique caserne de pompiers.

La petite **église** en granit de la rue Alt-Marienfelde, bâtie en 1220 dans le style roman tardif, est l'un des édifices religieux les plus anciens de Berlin.

Les écuries de l'**hippodrome** (Trabrennbahn Mariendorf) comptent 800 pensionnaires. Ouvert en 1913, le champ de courses a toujours été un endroit très fréquenté. Depuis la construction d'une nouvelle tribune, c'est l'une des grandes attractions du sud de la ville. Ce bâtiment de cinq étages s'agrémente de plusieurs bars-restaurants où les parieurs se pressent le mercredi et le dimanche.

L'industrie au bord de l'eau

Tempelhof est le second foyer d'activités industrielles de Berlin après Spandau. Au début du XXᵉ siècle,

l'aménagement du canal de Teltow favorisa l'industrialisation du sud de la ville. La zone industrielle de Tempelhof s'étire pour une bonne part le long du canal.

Du haut du **Stubenrauchbrücke**, pont sur Tempelhofer Damm, on découvre la forêt de grues et les entrepôts du port de Tempelhof.

La façade expressionniste de la **Druckhaus** (imprimerie Ullstein), sur Mariendorfer Damm, est un très bel exemple d'architecture industrielle. Construit en 1926 sur des plans d'Eugen Schmohl, la Druckhaus a été la première tour en béton armé de Berlin. Baptisée dans un premier temps Ullsteinhaus (maison Ullstein), elle abritait les salles de rédaction, les ateliers d'impression et les services administratifs des frères Ullstein, magnats de la presse berlinoise. Depuis la fermeture de la principale unité d'impression, plusieurs petites entreprises ont installé leurs bureaux dans cet immeuble classé monument historique.

Un dimanche aux courses à Mariendor.

Les anciens studios de l'U.F.A.

Tempelhof était le deuxième centre de production du groupe cinématographique U.F.A. après les studios de Babelsberg. Nombre de classiques du grand écran ont vu le jour dans les studios d'Oberlandstrasse. Le premier studio de films muets ouvrit en 1909. En avril 1945, Herta Feiler et Heinz Rühmann, jouèrent dans la comédie *Sag die Wahrheit* (*Dis la vérité*). Toutefois, l'industrie du film berlinoise commença à décliner à partir des années 50.

Aujourd'hui, une chaîne de télévision publique, la Z.D.F. (Zweites Deutsches Fernsehen, autrement dit la deuxième chaîne), loue les studios de la Berliner Union-Film à Tempelhof. C'est ici que les deux tiers des séries et des jeux télévisés d'Allemagne sont tournés. Reste à savoir si les studios de Tempelhof résisteront à la concurrence des autres studios berlinois : ceux d'Adlershof et ceux de Babelsberg.

Les anciens studios de Viktoriastrasse, non loin de l'imprimerie Ullstein, abritaient une « usine à rêves » destinée à éduquer les foules : c'est ici que les cinéastes nationaux-socialistes produisaient leurs films de propagande. En 1976, le laboratoire de copies, sur le même site, ferma ses portes, et les anciens locaux de production furent abandonnés aux courants d'air.

En juin 1979, un groupe d'artistes et de bohèmes entreprit d'occuper le site désaffecté afin d'y aménager un « centre multiculturel autogéré ». C'est ainsi que naquit l'**U.F.A.-Fabrik**, qui réunit dans un même périmètre une communauté d'habitation alternative, un cirque, un cinéma (l'Ufer-Palast est l'unique salle de cinéma de l'arrondissement de Tempelhof), un cabaret et le **café Olé**.

Ce haut lieu de l'esprit alternatif, débordant de vie, est l'une des trop rares touches de couleur dans le « désert culturel » de l'arrondissement de Tempelhof.

Jongleur de l'U.F.A.-Fabrik.

STEGLITZ

« La vie est paisible ici, à Steglitz. Les enfants ont l'air bien portants et les mendiants sont moins inquiétants qu'ailleurs », écrivait Kafka dans une lettre à un ami en 1923. Aujourd'hui, à part l'effervescence qui règne dans la grande rue commerçante, Schloss Strasse, Steglitz est resté tranquille. Cet arrondissement de 192 000 habitants a conservé son caractère bourgeois et l'on peut flâner en toute quiétude dans les rues, même si elles se sont peuplées de sites industriels et de nouveaux quartiers résidentiels.

Un quartier commerçant

A Berlin, quatre rues portent le nom de **Schloss Strasse**, mais on pense spontanément à la grande artère de Steglitz, dans le prolongement de Rheinstrasse, qui commence à la station de métro Walter-Schreiber-Platz. L'immense quartier commerçant qui a pris son essor après la guerre s'étend du **Steglitz Forum**, grand bâtiment de cinq étages, à l'hôtel de ville.

Il fut un temps où le tout-Berlin se ruait vers Schloss Strasse, le soir, pour aller au spectacle au **Titania-Palast**, qui était alors un temple du divertissement : cinéma, concerts, opérettes ou variétés. Dans les années 60, Marlene Dietrich y fit un retour triomphal sur les planches. Depuis les années 70, toutefois, cet exemple de l'architecture des années 20 n'est plus un haut lieu de la vie nocturne.

En 1976, un bâtiment insolite a vu le jour à l'angle de Schloss Strasse et de Schildhornstrasse : le **Turmrestaurant Steglitz**, tout près de la passerelle qui enjambe l'autoroute urbaine. Un ascenseur donne accès aux trois étages, dont les vastes baies vitrées s'ouvrent sur une vue magnifique.

A l'extrémité sud de Schloss Strasse se dresse l'**hôtel de ville** (Rathaus) en brique, érigé en 1896-1897 dans le style gothique brandebourgeois. C'est dans l'ancien restaurant de l'hôtel de ville que se rencontraient les membres du groupe *Wandervogel*. Né au lycée de Steglitz vers 1895, ce mouvement néoromantique exalta l'imagination de nombreux jeunes gens, jusqu'à sa dissolution par les nazis.

En face de l'hôtel de ville s'élève la plus haute tour de bureaux de la ville. Comme bien d'autres constructions en béton qui défigurent Berlin, le **Steglitzer Kreisel** est un legs de l'effervescence immobilière de la fin des années 60. A l'époque, les avantages fiscaux accordés à Berlin drainèrent de nombreux capitaux. Or, dans les années 70, la tour devint un gouffre financier et souleva plusieurs scandales. Un nouvel investisseur la racheta aux enchères et en acheva la construction. Elle abrite un hôtel, le bureau du maire de Steglitz et des services municipaux.

Le manoir de papa Wrangel

L'ancien village de Steglitz a eu la chance de se trouver sur la route de Potsdam. Mentionné pour la première fois en 1375, Steglitz était le domaine du seigneur de Torgow zu Zossen. En 1920 – la commune était alors la plus importante de Prusse avec 84 000 habitants – Steglitz se confondit avec les communautés rurales de Lichterfelde, Südende et Lankwitz pour former le XIIe arrondissement du Grand Berlin.

A l'angle de Wrangelstrasse et de Schloss Strasse se dresse le manoir prussien du seigneur de Steglitz. Il abrite un restaurant et un bar à vin. Érigé en 1804, le **Wrangel Schlösschen** tient son nom de l'un des illustres personnages qui l'habita : le maréchal von Wrangel, surnommé « papa Wrangel ».

En 1921, à côté du manoir, l'acteur Paul Henckels ouvrit un théâtre, devenu un cinéma. Gravement endommagé durant la guerre, il rouvrit dès novembre 1945, alors qu'il n'était encore qu'une ruine. Il a ainsi été le premier à reprendre ses activités dans le secteur américain.

L'auditorium du **Schlossparktheater** – 478 places seulement – reçoit chaque soir un public nombreux. Il a la réputation de présenter d'excellentes pièces d'auteurs célèbres, en général du répertoire comique.

Coureurs de marathon au pied du Turmrestaurant de Steglitz.

Sciences et techniques

En 1983, l'institut météorologique de la Freie Universität élut domicile dans la **Wasserturm am Fichteberg**, ancien château d'eau. Aujourd'hui, la Wasserturm se consacre exclusivement à la recherche, et les prévisions météorologiques viennent de l'aéroport de Tempelhof.

Dans Klingsorstrasse, proche du canal de Teltow, s'élève le **Klinikum Steglitz der Freien Universität**, bâti entre 1961 et 1969 grâce à des subventions américaines. Cet hôpital de 1 400 lits est le plus moderne d'Europe dans le domaine de la recherche et de l'enseignement de la médecine.

Jadis, le magnat de l'immobilier Wilhelm Carsten fit don à l'armée prussienne d'une parcelle de terrain de l'actuelle Finckensteinallee, où l'on construisit l'**école supérieure des Cadets** (Hauptkadettenanstalt) en 1878. En 1934, les S.S. y établirent leurs quartiers. C'est dans les sous-sols de l'édifice qu'on passa par les armes 40 chefs S.A. lors de la nuit des Longs Couteaux, le 30 juin 1934. Après la guerre, l'armée américaine transforma les lieux en caserne, avant de les restituer à l'Allemagne réunifiée.

A **Lichterfelde**, le 16 mai 1881, Werner von Siemens présenta le premier tramway électrique sur le tronçon entre l'école des Cadets et la gare de Lichterfelde-Est. Il s'agissait d'un ancien tramway hippomobile équipé d'un moteur électrique.

C'est à Lichterfelde que vivait Otto Lilienthal, pionnier du vol à voile. En 1894, il éleva un tertre de 15 m près de chez lui, d'où il réussit à faire un vol plané sur 100 m. Aujourd'hui, un escalier mène au sommet de ce tertre herbeux, où un globe en pierre entouré d'une plate-forme d'observation circulaire symbolise la conquête des airs.

Nos amies les bêtes

A l'est, Lichterfelde jouxte le quartier de **Lankwitz**. La réputation du **foyer d'animaux Lankwitz**, Dessauer Strasse (n° 21-27), n'est plus à faire. La présidente de la société protectrice des animaux de Berlin y vécut jusqu'à sa mort parmi ses protégés. Erna Graf consacra sa vie et sa fortune à la protection des « *pauvres créatures maltraitées* ». Dans d'une ville qui compte 100 000 chiens et au moins autant de chats, recueillir les animaux abandonnés n'est pas une mince affaire. Le foyer de Lankwitz emploie 50 personnes, possède un centre d'urgences vétérinaires et une pension pour animaux. Il héberge en permanence plusieurs centaines de quadrupèdes en attente d'une famille d'accueil. Les chevaux et les ânes peuvent finir leurs jours dans l'enclos qui leur est réservé.

Le **cimetière des animaux** (Tierfriedhof), en face du bâtiment principal, compte parmi les sites les plus insolites de Berlin ; 2 000 animaux familiers reposent à l'ombre des pins et des bouleaux, immortalisés par des épitaphes gravées sur des stèles de marbre. Certains maîtres font exécuter le portrait de leur cher disparu sur la pierre tombale ou viennent se recueillir sur sa sépulture.

Tombe du cimetière des animaux de Steglitz.

ZEHLENDORF

Zehlendorf, à l'ouest de Steglitz, est l'arrondissement le plus huppé de Berlin. Ses 99 000 habitants en font aussi l'un des moins peuplés, bien qu'il se classe troisième par la superficie (70 km²), après Spandau et Reinickendorf.

Les habitants de Zehlendorf vivent dans de grands appartements, bénéficient des meilleurs soins médicaux et sont les plus diplômés de la métropole. C'est également ici qu'on trouve les plus beaux espaces verts de la partie occidentale de Berlin : le Glienicker Volkspark, les environs de la Havel, la forêt de Grunewald, ainsi que le chapelet de lacs qui s'égrènent entre le Nikolassee et le Grunewaldsee.

De Berlin à Potsdam

La première mention du village de Zehlendorf dans les écrits officiels remonte à 1241. Dès le XVIIIe siècle, le point de passage sur la Havel, à l'emplacement de l'actuel pont de Glienicke, prit une importance stratégique. En effet, c'est sur ce pont de bois que passait la Potsdamer Chaussee, première route pavée de Prusse. La petite bourgade assoupie s'éveilla au rythme des voitures cahotant sur cette voie, qui permettait d'atteindre une vitesse de 10 km/h. En diligence, il fallait tout juste trois heures pour relier Berlin à Potsdam. Et Zehlendorf se trouvait à mi-chemin.

Une cinquantaine d'années après l'aménagement de la voie pavée, une nouvelle invention vint révolutionner les transports berlinois. En 1838, le premier train de la ligne de Potsdam à Berlin s'arrêtait en gare de Zehlendorf. Des ensembles de villas commencèrent alors à pousser le long de la voie ferrée. C'est ainsi que Zehlendorf et les villages voisins se muèrent progressivement en faubourgs de la capitale.

Le centre de l'actuel arrondissement n'a plus rien de provincial. La City de Zehlendorf se déploie autour du carrefour où Potsdamer Strasse, Teltower Damm et Clayallee se rejoignent. C'est ici que se concentrent toutes sortes de commerces, l'hôtel de ville, l'hôtel des impôts et d'autres institutions. Des jours anciens, il ne reste que la petite église de village de style baroque – quelque peu protégée de la circulation par un vieux mur en pierres.

L'Université libre

Ce quartier s'étend à la jonction de Zehlendorf et de Wilmersdorf. Ancien domaine seigneurial, il doit sa réputation actuelle à son centre de recherche scientifique et à ses trésors artistiques et historiques.

Pendant l'année universitaire, 60 000 étudiants convergent chaque jour vers Dahlem où l'**Université libre** (Freie Universität ou F.U.) a établi ses services administratifs ainsi que plusieurs facultés. Elle vit le jour en 1948-1949 dans des conditions difficiles. Dans le secteur soviétique, l'université

Dans la serre tropicale du jardin botanique.

Humboldt, illustre institution d'enseignement supérieur, se trouva, à
l'époque, soumise à des pressions qui
devinrent vite intolérables pour beaucoup d'étudiants et d'enseignants.
Sous l'impulsion de ces derniers, et
avec l'aide du gouverneur militaire
Lucius D. Clay, le premier cours de la
F.U. eut lieu en décembre 1948.

Vers la fin des années 60, la F.U.
connut une période mouvementée.
Sous l'impulsion du S.D.S. (union des
étudiants socialistes allemands),
naquirent « l'opposition non-parle-
mentaire » (A.P.O. : Ausserparlamen-
tarische Opposition) et le mouvement
de protestation contre la guerre du
Viêt-nam. Aujourd'hui, avec ses
60 000 inscrits, la Freie Universität est
le plus grand établissement d'enseignement supérieur de Berlin.

Avant la Première Guerre mondiale,
Dahlem comptait déjà plusieurs insti-
tuts de recherche de la Kaiser-
Wilhelm-Gesellschaft, de même que
les laboratoires d'illustres savants
comme Max Planck, Albert Einstein

et d'autres prix Nobel. Durant l'entre-
deux-guerres, le n° 93 de Thielallee
abritait l'institut de chimie. C'est là
que le monde bascula dans l'ère ato-
mique le jour où, en 1938, Otto Hahn
et son collaborateur Fritz Strassmann
réalisèrent la première fission d'un
noyau d'uranium.

En dépit des multiples campagnes
antinucléaires, le réacteur expérimental du Hahn-Meitner-Institut de Glienicker Strasse, à Wannsee, est encore
en service.

Après la guerre, le commandant en
chef des forces d'occupation américaines résidait à Dahlem, dans une
villa du n° 1 de Pacelli-Allee (actuelle
Wasserkäfersteig). Depuis fin 1993,
elle abrite les bureaux du ministère
fédéral des Affaires étrangères. C'est
dans cette villa, à l'abri des regards,
que les Américains conservaient des
informations sur 10,7 millions d'anciens membres du parti national-socialiste. Les dossiers sont aujourd'hui
entre les mains du gouvernement
fédéral. Le domaine qui s'étend

autour de l'ancien centre des archives devrait prochainement accueillir un lotissement destiné aux fonctionnaires.

Les musées de Dahlem

Près de la station de métro Dahlem-Dorf se concentrent les musées de Dahlem : le **musée du Domaine de Dahlem** (Domäne Dahlem), le **musée d'Ethnographie** (Museum für Völkerkunde), la **Galerie de peinture** (Gemäldegalerie), le **musée d'Art paléochrétien et byzantin** (Museum für Spätantike und Byzantinische Kunst), la **collection de sculptures** (Skulpturensammlung), le **musée des Arts et Traditions populaires** (Museum für Volkskunde), le **musée d'Art indien** (Museum für Indische Kunst), le **musée d'Art islamique** (Museum für Islamische Kunst), le **musée d'Art extrême-oriental** (Museum für Ostasiatische Kunst). Certains de ces musées devraient cependant déménager.

Échange d'espions sur le pont de Glienick.

Le jardin botanique

Dans le voisinage de Dahlem-Dorf, on pourra aussi visiter le jardin botanique et le Musée botanique de Steglitz.

Le **jardin botanique** (Botanischer Garten) est un but d'excursion très apprécié de tous ceux qui souhaitent échapper à l'agitation urbaine durant quelques heures. (Il existe une autre entrée à Steglitz, au sud de Schloss Strasse et de Hermann-Ehlers-Platz, sur l'avenue Unter den Eichen.) Une allée mène à 16 serres perchées sur une hauteur d'où elles dominent les 42 ha du parc. Véritable palais de verre, la grande **serre tropicale** (Tropenhaus) qui s'élève à 25 m, est particulièrement impressionnante. A l'extérieur, on flâne en suivant les sentiers balisés de panneaux explicatifs qui sillonnent le **jardin de plein air** (Freigelände). Le jardin botanique présente quelque 18 000 espèces d'arbres et d'autres végétaux. Tous très bien aménagés, les itinéraires permettent de découvrir la flore des régions tempérées du globe.

Au nord, le parc donne sur Königin-Luise-Platz, à Dahlem. C'est de ce côté-là que se trouve le **Musée botanique** (Botanisches Museum). Unique en son genre en Allemagne, il possède une bibliothèque spécialisée qui rassemble plus de 60 000 volumes.

Dahlem historique

On présume que l'histoire de Dahlem a commencé il y a plus de 750 ans. Le vieux quartier de **Dahlem-Dorf** (village de Dahlem) recèle encore un vestige de son passé rural : en face de la construction à colombages et au toit de chaume de la station de métro s'élève un sobre **manoir** seigneurial de 1679 dont le style accuse encore quelques traits Renaissance. Il abrite des locaux de l'université ainsi que la fondation des Amis du domaine de Dahlem (Freunde der Domäne Dahlem), qui se consacre à la conservation de l'héritage villageois du quartier.

Dans les premières années du national-socialisme, la paroisse de Dahlem

strasse, on bifurque vers le lac pour rejoindre le lieu où l'écrivain et sa maîtresse, Henriette Vogel, une femme mariée, se donnèrent la mort le 21 novembre 1811. Sur la stèle de la sépulture de Kleist, on peut lire deux vers extraits de sa célèbre pièce *le Prince de Hombourg*: «*Éternité, te voici mienne maintenant.*»

La Königstrasse est le grand axe qui traverse les espaces verts de Wannsee, but d'excursion très apprécié des amateurs de sports nautiques et des promeneurs. Dans cette grande avenue, ainsi que dans les rues adjacentes, des rangées de maisons basses et l'hôtel de ville témoignent du passé rural de Wannsee.

Sur la berge du **Grosser Wannsee** s'égrènent clubs nautiques, maisons de repos et résidences luxueuses.

Aux nᵒˢ 56-58, juste avant l'hôpital Heckeshorn, se dresse la villa où, le 20 janvier 1942, se tint la tristement célèbre conférence de Wannsee, présidée par le chef des S.A. Reinhard Heydrich. C'est là que les nazis adoptèrent la «*solution finale à la question juive*». La municipalité de Neukölln fit par la suite de l'édifice un foyer qui hébergeait des groupes scolaires. Aujourd'hui, la **villa de Wannsee** abrite un mémorial dédié à l'holocauste.

Châteaux et jardins de Glienicke

Le sud de l'arrondissement de Zehlendorf renferme l'un des plus beaux parcs de Berlin, au bord de la Havel. Sous Frédéric-Guillaume III (1797-1840), l'actuel **Volkspark Klein-Glienicke** était un apanage royal. Le prince Charles, frère du souverain, confia au grand architecte Karl Friedrich Schinkel la transformation du modeste manoir perdu au fond du parc en somptueux château et fit aménager les jardins par l'illustre paysagiste Lenné.

Le **château de Glienicke** (Schloss Glienicke), flanqué du pavillon des cavaliers et de la remise des carrosses, se dresse à l'entrée du parc du côté de Königstrasse. Les deux rotondes qui dominent la rue portent les noms charmants de Grosse et Kleine Neugierde («grande curiosité» et «petite curiosité»). Le prince Charles les avait fait élever afin d'observer la circulation sur la grande avenue. A l'ère de la voiture à cheval, ce passetemps était peut-être plus passionnant qu'aujourd'hui.

En traversant Königstrasse, on découvre le **Jagdschloss Glienicke**, ancien pavillon de chasse, transformé dans le style baroque français par Ferdinand von Arnim à la demande du prince Charles. Ce bâtiment est devenu un centre de conférences et de congrès.

Non loin de là, en face de la route qui conduit à **Nikolskoe**, les arbres dissimulent une autre curiosité architecturale: la **loggia Alexandra**. Érigé en 1869, cet édifice semi-circulaire trône au sommet du **Böttcherberg**. A l'origine, il servait de belvédère aux habitants du château de Glienicke, qui venaient y admirer les environs.

De retour sur Königstrasse, on peut prendre le Nikolskoer Weg, en face de la rue Am Böttcherberg. Il serpente parmi les arbres jusqu'au **Blockhaus Nikolskoe**, auberge en rondins, idyllique et russe en diable, perchée sur une colline surplombant la Havel. Frédéric-Guillaume III fit construire cette isba en six semaines pour l'offrir à sa fille Charlotte, femme du futur tsar Nicolas Iᵉʳ.

Derrière l'auberge s'élève l'élégante **église Saint-Pierre-et-Saint-Paul** (Kirche St. Peter und Paul), conçue par August Stüler. Cette église, dont les bulbes vinrent compléter le décor russe de Nikolskoe, est très prisée pour les mariages. La messe de minuit y attire également de nombreux fidèles, notamment les années de Noël blanc, car Nikolskoe offre un cadre encore plus féerique sous un manteau de neige.

Échange d'espions sur la Havel

A l'extrémité sud de Zehlendorf se trouve un endroit stratégique connu dans le monde entier: le **pont de Glienicke**, qui franchissait naguère la frontière entre les deux Allemagne.

Ce pont était, en effet, la porte de sortie des agents secrets de l'Est et de l'Ouest. En 1962, le pilote Francis Gary Powers, dont l'appareil U2 s'était abîmé en territoire soviétique, y recouvra la liberté ; en contrepartie, l'Ouest remettait à l'Union soviétique son célèbre espion Ivanovitch Abel. En février 1986, par un froid glacial, c'est ici que des centaines de journalistes attendirent l'arrivée d'Anatoly Charansky, événement que les télévisions du monde entier retransmirent. Après des années d'incarcération, ce juriste juif d'Union soviétique obtint l'autorisation d'émigrer aux États-Unis en échange de la libération d'espions soviétiques.

L'île aux Paons

La plage du lac de Wannsee.

Au bout de Nikolskoer Weg, un bac mène à l'**île aux Paons** (Pfaueninsel), d'où l'on a une vue magnifique sur la Havel. Ce site, qui passe pour l'un des plus romantiques de Berlin, est le rendez-vous des amoureux. Frédéric-

Guillaume II, successeur de Frédéric le Grand, acheta l'île en 1793 pour y recevoir sa maîtresse, celle qui allait devenir la comtesse de Liechtenau. Il y fit bâtir une ferme et un château gothique dont l'architecture fantaisiste imite un fort en ruine. Le monarque volage eut le coup de foudre pour cet endroit magnifique.

Les travaux commencèrent dès 1793 et s'achevèrent en 1797. De loin, les panneaux de chêne qui habillent l'édifice donnent l'illusion d'une façade en pierres blanches. Au troisième étage, des fenêtres inachevées ajoutent une touche romantique en imitant des ruines. Cette illusion d'optique se poursuit à l'intérieur, jusque dans les tourelles.

En 1822, Lenné aménagea sur l'île un parc paysager à l'anglaise. Les paons proviennent du **manoir de Sakrow**, sur la rive opposée de la Havel. Au fil du temps, ces oiseaux au plumage chatoyant se sont multipliés. C'est ainsi que l'île reçut le nom qu'elle porte.

voir, la police persécuta le nid de communistes de Wilmersdorf.

Wilmersdorf recèle 32 lieux de culte de toutes confessions, parmi lesquels une église russe orthodoxe et une mosquée de style moghol.

La **Kirche am Hohenzollernplatz**, église en brique surnommée la « centrale de Dieu », est l'œuvre de Fritz Hager, architecte issu du Bauhaus.

Hohenzollerndamm, artère la plus longue de l'arrondissement, s'étire sur 5 km entre le centre et Dahlem par Grunewald. Elle traverse **Fehrbelliner Platz**, où s'élève la plus grande cité administrative de Berlin : elle accueille chaque jour 30 000 fonctionnaires. De plan ovale, ces bâtiments ont le style monumental de l'entre-deux-guerres ; les nationaux-socialistes voulaient en faire le « forum du IIIᵉ Reich ». Ce complexe abrite une partie de l'administration du *land* et les locaux de l'hôtel de ville de Wilmersdorf.

A côté, la **Kommunale Galerie** présente des expositions d'art contemporain et d'histoire locale.

Le vieux Wilmersdorf

Riche de 700 ans d'histoire, Wilmersdorf est longtemps resté une simple localité rurale. La stèle de granit de la **Wilhelmsaue**, place située au cœur historique de l'arrondissement, rappelle que les fermes y alternaient avec les champs.

De ce passé villageois, il ne reste qu'une maison de maître, le **Schoeler-Schlösschen**, bâti le long de l'ancien pacage du village en 1754.

A l'ouest de l'autoroute urbaine (Stadtring), **Schmargendorf** offre un véritable havre de paix, à l'écart de l'agitation urbaine. L'**hôtel de ville** (Rathaus) de Schmargendorf, érigé en 1902, domine Berkaer Platz. Cet exemple insolite de gothique brandebourgeois sert de décor à d'innombrables photos de mariage.

Grunewald

A l'ouest, Schmargendorf jouxte **Grunewald**, l'un des quartiers les plus

A gauche, la station de métro de Fehrbelliner Platz ; ci-dessous, l'église orthodoxe russe de Hohenzollerndamm.

huppés de la métropole. Fin 1981, l'**Institut des sciences** (Wissenschaftskolleg zu Berlin), dont l'organisation s'inspire de celle de l'université américaine de Princeton, ouvrit ses portes au n° 19 de Wallotstrasse. Des savants d'envergure internationale viennent y approfondir leurs travaux.

A Grunewald, le très sélect club de tennis **Rot-Weiss**, véritable institution, a la réputation d'être le plus conservateur de Berlin.

Niché au bord du **Hundekehlensee**, le club date de la même époque que les luxueuses villas de Grunewald. Bâtie à partir de 1890 dans le prolongement du Kurfürstendamm, cette *villenkolonie* (« résidence de villas ») était alors le fief des Berlinois nantis. En effet, avant de faire partie du Grand Berlin, Grunewald dépendait de Teltow, dont le système d'imposition était bien plus avantageux pour les grandes fortunes.

Havelchaussee, au sommet d'une éminence, la **tour de Grunewald** (Grunewaldturm) s'élève à 55 m. C'est l'une des destinations favorites des Berlinois qui désirent passer une journée au vert. De style néo-gothique, la tour est l'œuvre de Franz Schwechten (architecte de l'église du Souvenir). Il l'exécuta en 1857 à la demande de la municipalité de Teltow, en hommage à Guillaume Ier.

A l'horizon, au sommet du **Teufelsberg**, une station radar scintille au soleil comme un dôme. Point culminant de Berlin (115 m), le Teufelsberg est un monticule artificiel formé par 25 millions de mètres cubes de gravats de la Seconde Guerre mondiale. L'entrée de la station radar était sous haute surveillance. C'est en effet du Teufelsberg qu'Anglais et Américains interceptaient les conversations téléphoniques qui s'échangeaient à l'est.

Accessible par Teufelsseechaussee, le plateau qui s'étend en contrebas recrée un paysage alpin où les Berlinois viennent pratiquer divers sports d'altitude. Grimpeurs et adeptes du parapente s'en donnent à cœur joie sur les flancs de la « colline de ruines », de laquelle on a une vue splendide.

Fête costumée à la patinoire de Wilmersdorf.

REINICKENDORF

Tous les ans, plus de 4 millions de passagers traversent la salle des pas perdus de l'aéroport de Tegel, mais peu savent qu'ils viennent d'arriver à Reinickendorf, l'un des deux arrondissements (avec Spandau) du nord-ouest de Berlin. Entre 1975 et 1989, Tegel dut absorber presque tout le trafic aérien à l'arrivée et au départ de Berlin-Ouest.

La tradition aéronautique de **Tegel** remonte au début du XXᵉ siècle. En 1909, le dirigeable du comte Zeppelin, baptisé Z3, atterrit sur ce qui n'était alors qu'un champ de tir et d'exercice militaire. En 1931, c'est encore sur ce terrain vague que Wernher von Braun lança la première fusée à carburant liquide, ancêtre des V2 qui ont servi à bombarder Londres, mais aussi de la fusée spatiale américaine.

La première piste de l'aéroport a vu le jour en tout juste trois mois, au cours du blocus de Berlin (1948-1949). Avec ses 2 400 m, c'était à l'époque la plus longue d'Europe. Dès sa mise en service, les quadrimoteurs *rosinenbomber* (littéralement « bombardiers de raisins secs ») sillonnèrent le ciel de Reinickendorf jusqu'à la levée du blocus. Le 16 avril 1949, par exemple, 362 avions américains se posèrent à Tegel en 24 heures. Après 1960, l'aéroport ne desservit plus que certaines lignes civiles. Or l'aéroport central de Tempelhof, qui avait pris le relais, fut vite saturé. En 1969, on décida donc de moderniser et d'agrandir Tegel pour en faire l'un des premiers aéroports du monde, adapté même aux plus gros porteurs. La mise en service du nouvel aéroport de Tegel remonte à 1975.

Reinickendorf faisait partie, avec Wedding, du secteur d'occupation français. Le **quartier Napoléon**, qui abritait 2 700 militaires, était à cheval sur les deux arrondissements. A Reinickendorf se trouvait le quartier général de la gendarmerie, devenu récemment l'ambassade de France. En 1994, 1 200 hommes de l'armée allemande ont pris possession du quartier Napoléon.

Le « Nord verdoyant »

D'avion, on aperçoit les lacs et les forêts qui émaillent le nord de Berlin. Il est vrai que Reinickendorf, tout comme l'arrondissement de Spandau, fait la part belle à la nature. Il mérite bien son surnom de « Nord verdoyant » : les forêts occupent en effet près d'un quart de son territoire. L'arrondissement est aussi émaillé de prairies, de champs cultivés et de vieux villages agricoles, dont Lübars.

Reinickendorf compte d'élégants quartiers résidentiels, comme Frohnau ou Hermsdorf. On y trouve aussi des quartiers modernes hérissés de tours, comme le Märkisches Viertel.

Reinickendorf est aussi le quartier industriel qui s'étend au nord de l'aéroport : le fief traditionnel des usines Borsig. Au milieu du XIXᵉ siècle, la locomotive à vapeur inventée par l'ingénieur Borsig évinça la concurrence britannique et accapara le mar-

Pages précédentes : le charme discret des années 60, dans le Märkisches Viertel. Ci-dessous, l'aéroport de Tegel.

ché. Dans Berliner Strasse, à l'entrée de l'usine, la **Borsigtor** (porte Borsig), ornée de tourelles et de créneaux néogothiques, témoigne de la puissance de l'entreprise à la fin du XIXᵉ et au début du XXᵉ siècle.

Tegel et son lac

Tegel, vieux village dont le centre est à quelques centaines de mètres au nord du complexe industriel de Borsig, a perdu son caractère rural à mesure que l'industrialisation progressait. C'est pourtant le seul quartier de Berlin où l'on peut encore aller faire ses courses en bateau.

La rue Alt-Tegel, devenue piétonnière en 1976, relie l'embarcadère du **lac de Tegel** (Tegeler See) et Greenwich Promenade au quartier commerçant de Tegel.

Greenwich Promenade longe le lac de Tegel, qui est en fait un bras de la Havel de 4 km de long. Elle est le point de départ d'agréables excursions, même si les eaux du lac ont de quoi faire frémir les défenseurs de la nature. Dès le début des années 70, les biologistes constatèrent que la teneur en phosphate des eaux atteignait un niveau critique. En 1985, on mit en service une usine de traitement des eaux, astucieusement conçue en forme de bateau, pour dépolluer le lac.

Le **château de Tegel** (Schloss Tegel) est le joyau de la forêt du même nom. Ce pavillon de chasse des princes électeurs passa aux Humboldt en 1766. L'été, l'actuel descendant de la lignée, propriétaire des lieux, ouvre aux visiteurs le parc et le cimetière familial.

Sur la presqu'île de **Reiherwerder**, qui s'avance dans le lac de Tegel, on aperçoit parfois à travers les arbres la façade d'une somptueuse résidence. C'est ici qu'Ernst Borsig, petit-fils du roi de la locomotive à vapeur et héritier des usines de Tegel, fit élever un petit **manoir** en 1911. L'été, cette résidence accueille parfois des concerts en plein air. Depuis 1959, c'est aussi le centre de conférences de la Fondation allemande pour le développement international (Deutsche Stiftung für Internationale Entwicklung).

Non loin de la villa Borsig, à l'angle de Carolinenstrasse et de Heiligenseestrasse, deux auberges se disputent le titre de plus vieil établissement berlinois. L'**Alter Fritz** (le « Vieux Fritz », surnom donné à Frédéric le Grand) s'appelait encore Neuer Krug à l'époque où le prince héritier avait coutume de s'y arrêter pour changer de chevaux et se désaltérer sur la route de Rheinsberg. Plus tard, les frères Humboldt y firent halte, eux aussi. Avant eux, Goethe y séjourna lors de son unique voyage à Berlin, en 1778. C'est le tenancier qui lui aurait parlé des esprits qu'on retrouve dans *Faust*.

Juste en face, l'**Alte Waldschenke** n'attire les promeneurs que depuis le début du XXᵉ siècle. Probablement bâtie entre 1760 et 1770, c'était à l'origine une maison d'ouvriers journaliers.

Frohnau

Les nombreux manoirs qui jalonnent Reinickendorf sont un legs de son histoire brandebourgeoise. Mais l'arron-

Un habitant du village de Lübars.

dissement compte aussi un **temple bouddhiste** (Buddhistischer Tempel), sur Edelhofdamm. Point de rencontre des 300 bouddhistes berlinois, il se situe non loin du centre de l'élégant faubourg de **Frohnau**. Quatre bonzes de Ceylan y enseignent la parole du Bouddha et dirigent la communauté. Niché dans un parc à flanc de colline, le temple fut élevé dans les années 20 par le docteur et philologue Paul Dahlke. Converti au bouddhisme lors d'un voyage à Ceylan, le fondateur repose dans les jardins attenants.

Au début du XXᵉ siècle, des ensembles de villas apparurent à la périphérie de la ville à mesure que celle-ci poursuivait son irrésistible expansion. Le nord de Berlin avait la faveur des classes aisées, de même que Zehlendorf ou Grunewald.

La **cité-jardin** (Gartenstadt) de Frohnau, par exemple, a tout d'un lieu de villégiature, tant elle est calme et sereine. Jadis, l'air y était si pur que, dit-on, les médecins recommandaient aux chanteurs d'opéra de s'y établir.

Deux moyens de transport des villes modernes.

Wittenau

Le quartier de **Wittenau** abrite une institution que les Berlinois, à l'irrévérence légendaire, ont surnommée Bonnie's Ranch. Ce sobriquet désigne l'**hôpital psychiatrique Karl-Bonhoffer**, sur Oranienburger Chaussee. Ce centre de soins, le plus grand de la capitale, possède aussi un service de désintoxication d'héroïnomanes. A sa fondation, en 1880, l'établissement fut crûment baptisé asile d'aliénés de Dalldorf – du nom du village à l'époque. La population, composée en majorité d'agriculteurs, n'apprécia guère de voir le nom de Dalldorf associé à ce genre d'institution. C'est ainsi qu'en 1905 la municipalité adopta le nom de Wittenau, en l'honneur de Peter Witte, qui en était maire. L'hôpital se forgea ensuite une solide réputation due aux traitements modernes qu'il appliquait. Sous le IIIᵉ Reich, l'hôpital traversa de sombres années durant lesquelles des médecins et des infirmiers y pratiquèrent l'euthanasie.

portes de Berlin » accueille les voyageurs dans un décor postmoderne : colonnes de marbre noir, bronzes étincelants et lustres rétro.

La citadelle

Du fait de sa situation au bord de l'eau, Spandau eut très tôt un rôle défensif et commercial. Deux cours d'eau navigables se rejoignent à la hauteur de **Lindenufer**, à l'orée du centre historique : c'est là que la Spree se jette dans la Havel, affluent de l'Elbe. Par ailleurs, la route commerciale qui reliait Magdebourg à la Pologne passait par Spandau au Moyen Age. Il n'est donc pas étonnant que le site ait toujours été fortifié.

Des documents de l'époque font état d'un fort à Spandau dès 1197. En 1557, l'électeur Joachim II décida d'agrandir cet ouvrage pour en faire une « *forteresse moderne et inexpugnable* ». L'architecte Chiaramella de Gandino conçut alors un château majestueux dans le style du début de la Renaissance. Cerné par les eaux, l'ouvrage était défendu par quatre bastions en pointe. D'en haut, la citadelle de Spandau évoque une étoile géante. Elle est considérée comme un chef-d'œuvre de « fortifications à l'italienne » et reste l'édifice du genre le mieux conservé d'Europe.

Après le pont **Zitadellenbrücke**, les imposants murs en brique rouge de l'édifice se dessinent derrière les arbres. La **Juliusturm** (donjon de 12 m de diamètre) est la partie la plus ancienne de la citadelle ; il date de l'époque du fort médiéval. Un escalier en colimaçon mène à une plate-forme d'observation perchée à 30 m du sol, d'où la vue embrasse les paysages variés des environs de Spandau.

Ces fortifications permettaient de commander la traversée de la rivière vers Berlin. Durant la guerre de Sept Ans, la cour de Prusse, la reine, ses belles-sœurs et l'héritier de la couronne se réfugièrent à Spandau. Ils avaient réussi à sauver le trésor royal, l'argenterie et certains documents secrets. Le château fit également office de prison : c'est ici que croupirent

les fortes têtes du gouvernement et du monde politique prussiens, comme Friedrich Ludwig Jahn, père de la culture physique moderne, ainsi que les révolutionnaires responsables du soulèvement de mars 1848. Après la guerre de 1870-1871, la Juliusturm abrita les coffres de l'État derrière ses murs de plus de 2 m d'épaisseur – la France venait de verser des indemnités de 5 milliards de francs or répartis dans 1 200 caisses.

L'armée occupa la citadelle jusqu'en 1945. Dès 1817, on y avait aménagé un laboratoire secret où des savants travaillaient à la mise au point de fusées. Par la suite, on y mena d'autres expériences avec des substances toxiques. A la fin de la Première Guerre mondiale, ces substances furent enterrées ou jetées dans des puits.

La vocation actuelle de la citadelle est des plus pacifiques. La **Kommandantenhaus** (maison du Commandant), à droite juste après le pont de chemin de fer, abrite le **musée d'Histoire locale** (Stadtgeschishtliches Museum), qui organise des expositions temporaires, comme par exemple sur « *le rôle de Spandau dans l'histoire de l'Europe* ». Des concerts, des expositions de peinture et des lectures se tiennent dans l'ancien palais (Rittesaal, « salle des chevaliers »). Le soir, dans la crypte, on peut festoyer en écoutant des concerts de musique médiévale.

A travers la vieille ville

La citadelle est sur une île légèrement excentrée. Le pont de l'avenue **Am Juliusturm** permet de gagner la rive droite de la Havel ainsi que le centre de Spandau.

Au nord du pont s'étend le **Kolk**, quartier le plus ancien de l'arrondissement. Le temps semble s'être arrêté dans ces ruelles pavées, bordées de pittoresques maisons des XVIIIe et XIXe siècles. Les trois rues qui traversent la vieille ville portent le nom des bourgades qui occupaient jadis la berge de la Havel.

Le village de **Behnitz** fait partie de Spandau depuis le XIIIe siècle.

Le Kolk était jadis directement relié à la citadelle. L'édifice du n° 3 de Behnitz Strasse appartenait aussi à l'armée. Le soir, les gardes du château faisaient ripaille dans les auberges du village.

A la lisière du Kolk, un village de pêcheurs, **Damm**, jouit toujours de droits de pêche royaux.

Dans le Kolk, ou plus exactement à l'angle des rues Möllentordamm et Behnitz, une plate-forme permet d'observer l'**écluse de Spandau** (Schleuse Spandau). Canoës, canots à moteur, remorqueurs ou péniches, et même le bateau-mouche *Moby Dick*, tous doivent franchir ce sas entre la haute et la basse Havel. Un second bassin devrait bientôt faciliter le passage des transporteurs européens vers la région industrielle de la haute Havel.

La vie à Spandau est placée sous le signe de l'eau : plus de 35 000 bateaux empruntent chaque année la voie navigable nord-sud. A cela viennent s'ajouter quelque 75 000 voiliers et canots à moteur de plaisance. Enfin, Spandau compte une centaine de clubs nautiques.

Weinmeisterhorn, en aval du Frey-Brücke, est le point de départ d'une régate qui se dispute sur 2 000 m. Il n'est pas étonnant qu'en pleine saison l'écluse fonctionne parfois 17 heures par jour.

La ville médiévale, de plan ovale, s'étend au sud du pont Am Juliusturm. Au milieu s'élève l'une des plus vieilles églises gothiques de la Marche : **Saint-Nicolas** (Sankt-Nikolai-Kirche), de la première moitié du XVe siècle. Rochus, comte de Lynar, qui acheva la construction de la citadelle en 1594, fit don à l'église d'un autel Renaissance. La statue en bronze qui précède le grand porche rappelle la conversion de l'électeur Joachim II au protestantisme en 1539.

Les environs de Reformationsplatz ont conservé une vraie vie de quartier. Les ouvriers d'un chantier y ont découvert les fondations d'un **cloître dominicain** du XIIIe siècle. Préservés

La citadelle de Spandau, du XVIe siècle, et son donjon médiéval

on peut emprunter l'un des bateaux de la compagnie touristique Weisse Flotte (la « flotte blanche »), qui circulent de mai à septembre. Le **Müggelsee**, **Woltersdorf** ou **Schmöckwitz** sont des buts d'excursion très agréables dès que les beaux jours reviennent. Le prix du billet comprend le café et un gâteau.

On pourra faire un tour dans la petite **église protestante** (1841) qui jouxte l'hôtel de ville ou au **musée d'Histoire locale** (Heimatkundliches Kabinett), situé au n° 8 d'Elcknerplatz et ouvert le mardi uniquement (de 9 h à 18 h). Certaines pièces présentées dans ce musée reflètent le sens de l'humour des habitants de Köpenick : parmi les « sept merveilles de Köpenick », on trouve la photographie d'un professeur Dummer (« idiot »), celle d'un docteur Todt (« mort ») et celle d'une vieille demoiselle qui, à l'âge de quatre-vingts ans, fonda l'Association des jeunes gens de Köpenick…

Il suffit de traverser Müggelheimer Strasse à partir de l'hôtel de ville pour atteindre l'ancien **Köpenicker Kiez**, site plein de charme. Quelques-unes des petites maisons à un étage aux façades peintes récemment restaurées qui se succèdent le long de rues pavées datent des XVIIᵉ et XVIIIᵉ siècles. La construction du Kiez (du slavon *chyza*, qui signifie « cabane ») remonte à 1260.

L'**établissement de bains** (Bade-anstalt), riverain de la Dahme, dut fermer ses portes lorsqu'on constata que les eaux de cette rivière n'étaient pas d'une propreté irréprochable.

Le prince Jaczo de Copanic

Un petit pont de bois mène à l'**île du Château** (Schlossinsel), dans laquelle s'élevait jadis le **Wendenschloss**. On a retrouvé quelques vestiges de cet édifice sur pilotis bâti vers 825, mais ils ne sont pas accessibles au public.

Vers 1100, le maître des lieux était Jaczo de Copanic, prince des Wendes. Si les linguistes pensent que Köpenick vient de *copanic*, mot slave qui signifie

« site insulaire », une légende locale vient concurrencer leur thèse : un pêcheur prit dans ses filets un crabe géant, doté de pouvoirs magiques. Sur la place du marché, le crabe ne cessait de crier « *Kööp nich, kööp nich !* » (« n'achète pas »). En refusant d'écouter le conseil de l'animal, le pêcheur s'exposa par la suite à bien des mésaventures.

Le comte Jaczo se battit contre l'armée chrétienne d'Albert Ier l'Ours, prince de la dynastie des Ascaniens, pour obtenir la suprématie sur la marche de Brandebourg. En 1157, Albert Ier parvint à chasser son rival de Köpenick. On raconte qu'après la bataille de Gross-Glienicke, ce dernier s'enfuit en traversant la Havel à la nage, perché sur sa monture. Il pendit son bouclier et son cor à un chêne sur la péninsule de Schildhorn (dans l'actuel Grunewald) puis, comme il en avait fait le serment, il se convertit au christianisme pour remercier le Seigneur de lui avoir laissé la vie sauve.

Le Wendenschloss fut démoli au milieu du XVIe siècle. Seuls subsistent quelques panneaux portant l'inscription « *Zum Wendenschloss* ». Ce nom ne désigne plus le château mais un ensemble de villas et un lieu de baignade bordé de cafés-restaurants.

Un château baroque

En 1558, le prince électeur Joachim II fit édifier sur le même site un imposant **château** entouré d'eau. Un siècle plus tard (de 1677 à 1682), Frédéric-Guillaume (le Grand Électeur) confia à l'architecte Rütger von Langerfeld le soin de construire l'édifice baroque qu'on connaît aujourd'hui. C'est du plan d'eau qu'on a la plus jolie vue sur sa façade d'un jaune chaleureux. En 1812, les troupes françaises en route pour Moscou le prirent d'assaut. Entre 1830 et 1848, après les guerres de libération contre Napoléon Ier, les Prussiens en firent une prison où ils enfermaient les jeunes agitateurs. Plus tard, l'édifice abrita un institut de for-

Au bord du Müggelsee.

Les gares de S-Bahn de Marzahn ou de Springpfuhl sont les meilleurs points de départ. Entre les deux, autour de Helene-Weigel-Platz et de Marzahner Promenade, s'étend la zone commerçante des nouveaux quartiers : boutiques et grands magasins, galeries d'art et cafés.

De là, Landsberger Allee ou Marzahner Chaussee mènent à **Alt-Marzahn**, l'ancien village. Enclavé au milieu des grands ensembles, un charmant village mentionné pour la première fois au XIVe siècle se blottissait autour du pacage communal. Des fouilles ont mis au jour des vestiges, dont un masque représentant un cerf vieux de 8 000 ans. Une restauration minutieuse du vieux village, qui ne compte que 160 âmes, se fit en même temps que la construction de la ville nouvelle. Il fallut démolir la plupart des édifices anciens pour les reconstruire, pierre à pierre.

Une belle **église** en brique, œuvre d'August Stüler, s'élève parmi une soixantaine de maisons et de fermes

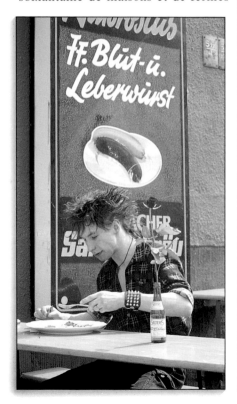

du milieu du XIXe siècle, dont l'auberge du village, **Marzahner Krug**. Dans ces rues paisibles, on parvient presque à oublier les aberrations architecturales qui foisonnent aux alentours. Çà et là, pourtant, une tour de béton pointe au-dessus du toit d'une grange.

A quelques minutes d'Alt-Marzahn, sur Blumberger Damm, s'ouvre l'une des entrées d'une **exposition horticole** (Berliner Gartenschau). Pour un prix modique, on peut admirer de beaux jardins, des expositions temporaires et des jeux d'eau. Les plus petits trouveront leur bonheur sur les terrains de jeux et au zoo. Le Gartenschau est facile d'accès à partir de la gare de S-Bahn et du métro de Wuhletal. Des quais, on aperçoit le jardin, tapissé d'une végétation variée, sur plusieurs kilomètres au pied des grands ensembles de Hellersdorf.

Une tour en ruine et le dôme néo-roman d'un manoir dominent le parc densément boisé de **Wuhlgarten**. Il s'agit d'une dépendance du centre de psychiatrie et de neurologie. Les patients séjournent dans des pavillons en brique, à l'ombre de grands arbres. Le domaine est accessible aux promeneurs.

Hellersdorf

De retour à la gare de Wuhletal, continuer dans la direction opposée pour gagner **Kaulsdorf** et **Mahlsdorf**, dans le nouvel arrondissement de **Hellersdorf**. A l'instar de Biesdorf, quartier voisin rattaché à Marzahn, ils se caractérisent par de vieilles fermes, ainsi que des cités, des villas et des jardins du début du XXe siècle. L'été, quand les arbres fruitiers ploient sous le poids des cerises ou des pommes, c'est un pays de cocagne. Ces villages donnent sur des champs de maïs au-delà desquels la campagne commence. En 1796, un fermier de la région, Franz Karl Achard, eut l'idée de fabriquer du sucre à partir de cannes et en vendit les premières onces dans les rues de Kaulsdorf.

A Mahlsdorf, il faut noter le **musée des Années de fondation** de l'empire (Gründerzeitmuseum) et le petit châ-

Moment « gastronomique » à Marzahn.

teau de Biesdorf, de style classique tardif, bâti en 1868. Jusqu'en 1927, il était la propriété de l'industriel Werner von Siemens (1816-1892), qui expérimenta la télégraphie sans fil depuis la tour. Il abrite le centre culturel de Marzahn.

Hellersdorf (Hellersdorfer Neubaugebiete) s'est étendu au nord de Kaulsdorf et de Mahlsdorf. Les ensembles d'habitations y sont encore aussi sinistres que ceux de Marzahn il y a quelques années. Des arbustes y font toutefois leur apparition, et les habitants se mettent à leurs pinceaux.

Hohenschönhausen

Le Musée local de Hellersdorf appartient à un propriétaire privé.

Le contraste entre les anciens hameaux et les nouvelles cités périphériques est moins criant à **Hohenschönhausen**, plus proche du centre de Berlin. L'arrondissement recouvre quatre quartiers – Falkenberg, Hohenschönhausen, Malchow et Wartenberg – qui tirent tous leur nom des villages médiévaux dont ils occupent le site. La ligne de tramway n° 70 offre l'itinéraire le plus agréable pour rejoindre Hohenschönhausen à partir du centre de Berlin (Friedrichstrasse).

Elle se dirige plein nord, jusqu'au **Malchower See**, lac qui se niche entre les lotissements modernes de **Wartenberg** et le vieux village de **Malchow**.

En chemin, le tram traverse les plus jolis quartiers de l'arrondissement, dont les alentours du **lac d'Orankesee**. Avec sa plage bordée de fauteuils en osier de toutes les couleurs, ce petit lac semble sorti tout droit d'un album de photos rétro. Ses eaux claires invitent à la pêche et à la baignade.

Tout près, un autre lac, l'**Obersee**, s'étend au milieu d'un parc.

Un peu plus loin se succèdent jardinets, cimetières, tours d'habitations, *mietskasernen* du XIXᵉ siècle, usines et rues commerçantes – le tout ponctué d'îlots de verdure.

Dans la réserve naturelle qui entoure le lac de **Fauler See**, les ornithologues peuvent reconnaître les cris d'une centaine d'espèces d'oiseaux.

affirma sa suprématie en tenant tête à des ennemis supérieurs en nombre lors de la guerre de Sept Ans (1756-1763). Celui qui avait su flatter les « philosophes » et imposer un ordre de fer entra dans les annales sous le nom de Frédéric le Grand.

Il fit ériger le palais de Sans-Souci. Tout soldat qu'il était, Frédéric II destinait son palais à une existence civile, sans étiquette ni exercices militaires, proche de la nature, vouée aux arts et aux sciences. C'était un fervent admirateur de la philosophie française des lumières. Il écrivait des poèmes en français (langue qu'il parlait mieux que l'allemand) qu'il soumettait à Voltaire. A Potsdam, il s'entoura d'artistes et d'érudits. Si certains se soumirent à son autorité, d'autres eurent du mal à s'habituer aux humeurs de ce prince plus proche qu'eux des réalités.

Si le Roi-Sergent avait défini le plan de la ville royale, c'est Frédéric le Grand qui lui imprima son style architectural. Pour homogénéiser la physionomie de Potsdam, il fit remodeler les façades, les places et les arcades. Le roi ébaucha lui-même des centaines de façades dans le style italien qu'il aimait. Dans ces splendides édifices, on vivait cependant dans des conditions en général modestes.

A la mort de Frédéric le Grand (1786), des monarques insignifiants se succédèrent sur le trône et le royaume se mit à décliner. En 1806, les troupes françaises envahirent la Prusse. Potsdam servit de base à la cavalerie française pendant les deux années suivantes.

Une ville sans industries

Au XIXᵉ siècle, Potsdam, qui n'était jusqu'alors qu'une vaste caserne, devint une ville à part entière, quoiqu'encore imprégnée de militarisme prussien. Elle se dota d'un conseil municipal qui se montra prêt à tout pour éviter l'installation d'industries sur son territoire. Le paysagiste Peter Joseph Lenné et l'architecte Karl Friedrich Schinkel s'employèrent à

La salle de la conférence à Cecilienhof.

façonner un paysage composé de fabriques et de fontaines, de lacs et de jardins, de parcs et de palais tout autour du cœur baroque de la ville royale.

Après la victoire de la Prusse sur l'Autriche en 1867, Berlin devint la capitale de la confédération de l'Allemagne du Nord et le siège du Reichstag; enfin, en 1871, Guillaume Iᵉʳ en fit la capitale de l'empire d'Allemagne. Dans les années 1871-1873, Potsdam échappa à l'industrialisation qui transformait Berlin. Elle se cantonna dans son rôle de refuge pour militaires et fonctionnaires prussiens à la retraite. En 1895, la Potsdam wilhelminienne comptait 58 000 habitants, dont un huitième de soldats. Elle ne faisait guère parler d'elle qu'une fois par an, lors des parades militaires de printemps. A l'exception de quelques scandales, l'aristocratie de Potsdam semblait, elle aussi, vivre dans la discrétion.

La révolution communiste consécutive à la capitulation de la Première Guerre mondiale contraignit Guillaume II à abdiquer. Parcs et palais tombèrent dans l'escarcelle de l'État; Potsdam perdit son caractère militaire, mais demeura le fief des fonctionnaires. Plusieurs services publics, comme la Cour des comptes, s'y établirent. Puis la fière résidence impériale sombra dans une torpeur provinciale. Elle devint une ville-musée et un lieu de pèlerinage pour ceux qui, dans les années 20, rêvaient du retour de l'empereur.

La R.D.A., éleva Potsdam au rang de district. En octobre 1990, elle retrouva sa place de capitale du Brandebourg reconstitué en *land*.

La place du Vieux-Marché

Le plus vieux legs architectural des princes électeurs, le **château de Potsdam** (Potsdamer Stadtschloss), n'existe plus. Bâti en 1660 sur l'Alter Markt (place du Vieux-Marché), il ne résista pas aux bombardements d'avril 1945. En 1961, les autorités en firent déblayer les décombres, décision que

Le pont de Glienicke, symbole de la guerre froide.

blanc dont certaines sont abîmées par la pollution.

Il faut partir de bon matin pour visiter le palais, surtout l'été. En effet, conformément aux prescriptions relatives à la protection des monuments historiques, le château n'admet pas plus de 1 800 visiteurs par jour. Au plus fort de la saison, les guichets ferment dès la fin de la matinée. Il est aussi préférable d'éviter Sans-Souci le samedi et le dimanche. Les visites, toutes guidées, se font par groupes de 40 personnes.

Tout comme le château puis, par la suite, le Nouveau Palais, Sans-Souci se devait d'exprimer la puissance de la cour de Prusse. Le palais n'est pas très grand, mais il recèle des salles superbes dont la décoration n'est, fort heureusement, pas trop chargée.

Le parc

Une pente ensoleillée étagée en terrasses décline en contrebas du palais. Les jardiniers y ont réintroduit la cul-ture des figuiers en serre, tandis que la vigne recommence à croître sur les espaliers. Le style rococo caractéristique du règne de Frédéric le Grand affectionne les fleurs et les fruits. Les salles du palais foisonnent de motifs végétaux et animaux ; les plafonds s'ornent même d'araignées dorées et le dallage en marbre de pommes de terre. Dans le parc s'élèvent de nombreuses statues de Flore et Pomone, déesses des fruits, des fleurs et des jardins.

C'est sur la pente qui mène au château que Frédéric le Grand fit installer son propre tombeau, mais Hitler le fit déplacer pour le mettre à l'abri des bombes alliées. En 1991, la dépouille du roi réintégra sa sépulture d'origine, aux côtés de ses 13 whippets, ses chiens favoris. Un cortège arborant les couleurs du drapeau prussien accompagna en grande pompe les sarcophages de Frédéric II et de son père, de retour de la résidence des Hohenzollern, à Burg Hechingren, près de Stuttgart.

La Hauptallee traverse le parc de part en part, de l'**obélisque** qui s'élève

La coupole rococo de Sans-Souci.

à l'entrée du domaine au Nouveau Palais.

Elle passe à proximité de la **Chine-sisches Teehaus**, pavillon de thé chinois blotti parmi les arbres et la verdure, dont les statues ont été récemment redorées. Ce petit édifice circulaire de style oriental illustre la mode chinoise en vogue dans les cours d'Europe au XVIIIe siècle.

Des haies taillées, aux lignes géométriques, délimitent le jardin d'agrément, en grande partie dû à Knobelsdorff. Au-delà se déploie le parc aménagé par Peter Josef Lenné au cours de la première moitié du XIXe siècle. Les vastes pelouses, les bosquets et les taillis dégagent un tel naturel que l'on a peine à y déceler la main de l'homme. Lenné façonna des paysages en harmonie avec le style de chacun des édifices qui émaillent le parc.

La construction du **Nouveau Palais** (Neues Palais) commença en 1793, juste après la guerre de Sept Ans, qui se solda par la victoire de la Prusse. Frédéric II, que l'on commençait alors

surnommer « le Grand », eut recours au terme français de *fanfaronnade* pour qualifier son Nouveau Palais. En édifiant ce château, il entendait prouver que les lourdes charges imposées par la guerre n'avaient en rien entamé la puissance prussienne.

La façade richement décorée s'étire sur 213 m. L'édifice recèle de magnifiques appartements que Frédéric II destinait à ses hôtes. Tout comme il l'avait fait pour Sans-Souci, le roi ébaucha les plans du Neues Palais et suivit de près la réalisation du projet. Fidèle à lui-même, il chercha querelle aux principaux maîtres d'œuvre, qui se hâtèrent de fuir la Prusse peu après le début des travaux. En effet, lorsque quelqu'un le contrariait, le roi avait coutume de le laisser croupir dans une cellule, au pain et à l'eau, jusqu'à ce qu'il se plie à sa volonté.

L'été, Frédéric le Grand donnait des fêtes dans les salles de bal du Nouveau Palais. Tous les ans jusqu'en 1917, la famille du dernier empereur, Guillaume II, y célébra la Saint-

Le Nouveau Palais.

BABELSBERG

Des coups de feu résonnent à nouveau dans les rues de Babelsberg. Des comédiens costumés se battent et deux amants se jettent dans les bras l'un de l'autre. Qu'on ne s'y trompe pas : ces scènes font partie du spectacle organisé à l'intention des visiteurs.

En 1912, alors que le septième art n'en était qu'à ses balbutiements outre-Rhin, le groupe Deutsche Bioscop ouvrait son premier studio de production à Babelsberg. Durant la Première Guerre mondiale, le haut commandement de l'armée comprit le profit qu'il pouvait tirer de ce formidable instrument de propagande. C'est ainsi que naquit en décembre 1917 l'U.F.A. (Universum Film A.G.), financée en grande partie par la Deutsche Bank. A partir de 1921, l'U.F.A. allait faire de Babelsberg sa principale usine à films, jusqu'à ce que l'Armée rouge prenne possession du

site en 1945. Les bureaux de l'U.F.A. déménagèrent alors à l'Ouest.

Une équipe reprit ce qui restait des installations de Babelsberg. Cette équipe de travail constitua le noyau de la D.E.F.A. (Deutsche Film A.G.), société qui reçut de l'administration militaire soviétique l'autorisation officielle de produire des films le 17 mai 1946.

Dès janvier 1946, on avait recommencé à produire des images animées. L'équipe du journal filmé sillonnait la ville à bord d'un camion équipé d'un moteur à bois. Elle arrivait souvent trop tard pour filmer les événements importants, de sorte que les actualités « hebdomadaires » n'étaient projetées que toutes les quatre semaines !

Le 4 mai 1946 retentit le clap du premier film de fiction allemand de l'après-guerre. *Les Assassins sont parmi nous* traite du retour à la vie civile des nazis. L'action se situe dans Berlin en ruine. Le réalisateur, Wolfgang Staudte, s'était vu refuser l'autorisation de tourner dans les secteurs occidentaux. Ce film, qui connut un grand succès à l'étranger, marqua les débuts de la D.E.F.A. sur la scène internationale, et fut suivi de bien d'autres œuvres de qualité. En juin 1947, Babelsberg fournissait du travail à 21 metteurs en scène, 20 cadreurs, une équipe de comédiens et 1 500 employés.

A mesure que se profilait la guerre froide, les autorités de la toute jeune R.D.A. renforcèrent le contrôle qu'elles exerçaient sur la D.E.F.A. Aux films politiques succédèrent des œuvres conformes à la politique du parti unique, le S.E.D. (Parti socialiste unifié). Le réalisme critique fit place au réalisme socialiste. Des hommes tels que Maetzig, pour qui ceci n'excluait pas l'expérience artistique, se virent contraints de s'en tenir à la ligne du parti. Staudte commença à travailler à l'Ouest à partir de 1955.

Dans les deux Allemagne, l'avènement de la télévision porta un rude coup à l'industrie du film. De plus, en R.D.A., le dogmatisme et les sempiternels héros « positifs » finissaient par lasser les spectateurs, qui désertaient

A gauche, préparatio[n] avant le tournage d'une scène.

les salles de cinéma. Malgré la crise (on ne produisait plus que 40 à 80 films par an), Babelsberg conserva ses proportions colossales : mieux valait avoir une carte et une boussole pour parcourir les 500 000 m² de studios !

Puis vint le mur. Les artistes de la D.E.F.A. espérèrent que, dans une société à l'abri des influences extérieures, ils pourraient s'exprimer plus librement. *« Avec vous, je pourrais même aller voir un film de la D.E.F.A. »*, déclarait Manfred Krug dans le film *Spur der Steine*, tourné en 1966. L'action de ce film se situe sur un grand chantier. On décide de construire les immeubles prévus malgré d'innombrables erreurs de conception, car une poignée d'incompétents à la botte du parti ne veulent pas perdre leur place. Le personnage incarné par Manfred Krug parvient à réaliser le plan grâce à des méthodes peu orthodoxes. Le film déplut aux autorités communistes, qui le retirèrent de l'affiche une semaine après sa sortie. Bien d'autres œuvres cinématographiques allaient connaître le même sort.

Après la chute du mur, on cessa pour ainsi dire de produire des films à Babelsberg. On laissa les installations se dégrader et les collaborateurs s'inquiétèrent pour leur avenir. Les visites organisées ont permis à certains d'entre eux de conserver un emploi. Quoi qu'il en soit, le Hollywood allemand battait sérieusement de l'aile lorsque l'entreprise française C.G.E., en partenariat avec le groupe allemand Bertelsmann, racheta le site mis en vente par la Treuhand (organisme chargé des privatisations dans la défunte R.D.A.).

Une « cité des médias » devrait voir le jour d'ici 2005 grâce à des investissements très lourds. Un ensemble de salles de cinéma et un studio multimédia ont ouvert au public dès la fin de leur construction, au cours de l'hiver 1996. Mais nul n'est en mesure de dire si cela suffira à rendre leur rayonnement aux studios mythiques de Babelsberg.

Reconstitution d'une rue du Berlin d'autrefois.

A partir de Berlin

Il n'y a pas d'itinéraire défini pour explorer la campagne qui environne la capitale. Chacun peut choisir un parcours sur mesure parmi une foule de petits villages enchanteurs et de lacs aux rivages déserts bordés de roseaux, de plantes aquatiques, d'aulnes et de bosquets.

A l'ouest de Berlin, le **Havelland**, où la **Havel** forme un chapelet de lacs, est le grenier à fruits du Brandebourg. C'est aussi une province réputée pour son architecture médiévale, que les bombardements de la Seconde Guerre mondiale ont en grande partie épargnée. C'est ici, à proximité de Berlin, que les nazis établirent le premier camp de concentration.

Au nord se déploient les immenses forêts de la **Ruppiner Schweiz** et de la lande de **Schorfheide**. Cette dernière, ancienne propriété nazie, devint le fief de la nomenklatura est-allemande, qui y avait établi ses relais de chasse. Plusieurs générations de nobles prus-siens avaient déjà fait de cette lande leur terrain de chasse.

A l'est, le parc naturel de la **Märkische Schweiz** recouvre une région boisée et vallonnée, creusée de ravins et de lacs profonds.

Et dans les petits villages de l'**Oderbuch**, vallée fertile tapissée de vergers, le temps semble s'être arrêté.

Le Spreewald

Au sud, les magnifiques étendues marécageuses et boisées du **Spreewald** se divisent en **Unterspreewald** et **Oberspreewald**. « *Tout, dans ce paysage de canaux, rappelle le charme de Venise* », a écrit Theodor Fontane.

Plus de 300 bras de la Spree ou canaux alimentés par cette rivière parcourent l'Oberspreewald, qui s'étire au sud de la ville de Lübben. Ils irriguent les nombreux potagers de la région, où poussent haricots, oignons et surtout des cornichons et des concombres qui, mis en bocal selon une recette particulière, séduisent les

On prend le temps de vivre.

amateurs. On peut s'y promener en barque à fond plat (les canots à moteur sont interdits) pour découvrir des paysages lacustres si impressionnants qu'ils en sont presque inquiétants. Les pancartes en sorabe (langue que les enfants apprennent à l'école) témoignent des origines slaves de la population, en majorité constituée de Sorabes, peuple catholique.

Les fermes reconstituées du **musée en plein air de Lehde** permet de se faire une idée de ce qu'a été la vie de ce peuple de paysans et de pêcheurs qui porte encore parfois son costume régional, dont la coiffe à deux pointes des femmes est retenue par un jeu de nœuds compliqué.

Lübben a appartenu à la Saxe avant d'être rattaché à la Prusse. Près de son château Renaissance se dresse une tour ronde du XIVᵉ siècle. L'église évangélique, de style gothique tardif, abrite la tombe de Paul Gerhardt, à qui l'on doit de nombreux cantiques qu'on chante encore dans les églises protestantes du pays.

Lübbenau, ville la plus importante de la région du Spreewald, possède un château classique agrémenté d'une orangerie et un **musée régional** du Spreewald.

Les alentours du Grand Berlin possèdent tout ce dont un vacancier peut rêver. **Chorin**, dans le sud de l'**Uckermark**, s'enorgueillit d'une **abbaye cistercienne** (Zisterzienser-Kloster). Cet édifice en brique, vieux de 700 ans, est un exemple exceptionnel d'architecture gothique allemande. Tous les ans, dans ce cadre superbe, des spectateurs armés de chaises pliantes et de paniers de pique-nique viennent assister aux concerts des Étés de la musique de Chorin.

Dans un tout autre registre, l'**élévateur de bateaux** (Schiffshebewerk Niederfinow) est une véritable merveille technologique. Cet élévateur, le plus grand d'Europe centrale, permet aux bateaux de franchir la dénivellation entre l'Oder et le canal de l'Oder-Havel. Il lui faut moins de 5 minutes pour soulever une péniche.

Concert dans l'abbaye de Chorin.

Certains préféreront des sites plus champêtres, comme **Buckow**, sur le **Scharmützelsee**, lac de la Märkische Schweiz. Les Berlinois fréquentent beaucoup cette station balnéaire au charme désuet. C'est ici, dans sa maison blottie au bord de l'eau, que Bertolt Brecht venait se reposer.

Les hauteurs de **Bollersdorfer Höhe** et l'auberge du même nom offrent un panorama magnifique sur le Scharmützelsee, à 129 m en contrebas.

Une campagne en friche

Dans la Marche, les Allemands de l'Ouest découvrent des paysages vierges, des rivières – comme la **Müggelspree** – qui suivent leur cours naturel, jamais détourné ni endigué. Les routes bordées d'arbres ont conservé leurs virages et leurs lacets superflus et continuent à serpenter entre les champs, comme à **Strausberg**.

Beaucoup de villages ont encore leurs rues pavées. Des bergers et leurs troupeaux cheminent le long des routes, des nids de cigognes ornent les clochers des églises et les vieilles granges en pierre, des balbuzards nichent dans les roseaux, des oies et des canards s'ébattent dans les mares.

Le revers de la médaille, ce sont les façades décrépites des nombreuses maisons et les dégâts causés à la nature par les industries lourdes chères aux planificateurs des pays communistes : au moins la moitié des arbres sont malades et un quart des lacs et rivières charrient des eaux très polluées.

Nombre de sites sont déjà devenus des destinations privilégiées des Berlinois. Aux yeux des écologistes et des amoureux de la nature, l'insuffisance des infrastructures, la pénurie d'hôtels et de restaurants sont une occasion d'introduire dans la région une forme de tourisme qui respecterait à la fois le milieu naturel et le mode de vie des habitants. Au lieu de construire n'importe quoi au beau milieu des champs, il s'agit d'améliorer les équipements et les possibilités d'hébergement qui existent, tout en

Les environs de Buckow, sur le Scharmützelsee.

préservant la nature et la société rurale. S'il paraît indispensable de remettre en état le réseau routier, il est important d'en mesurer les effets sur la nature.

Des experts demandent que le patrimoine naturel – l'ancien domaine de chasse de **Schorfheide**, par exemple, ou le **Spreewald**, qui attire près de 2 millions de touristes par an – soit classés par l'Unesco.

Tourisme et sport

Le tourisme et le sport font peser des menaces sur la campagne brandebourgeoise. Au sud de Potsdam, une compétition internationale de hors-bord s'est tenue sur le **Schwielowsee**, lac déjà très pollué, en dépit d'une levée de boucliers des habitants de la région.

Un promoteur immobilier de **Grünefeld**, près de Nauen, a sacrifié de nombreux arbres en plein milieu d'un site protégé, dans une zone non constructible, pour y ériger un motel et aménager un aérodrome et un camping de 500 places. Les clubs de golf berlinois, qui se sont contentés des années durant du golf à neuf trous de Wannsee, ne veulent plus se passer de grands espaces.

Les autorités locales se trouvent toutes face au même dilemme. La crise de l'agriculture les incite à se raccrocher au tourisme et beaucoup songent à convertir les terres agricoles, tirant parti de leur situation géographique. Les écologistes et les constructeurs n'ont pas fini de s'affronter.

Nul n'est à court d'idées lorsqu'il s'agit d'aménager de nouveaux équipements de loisirs. Chaque semaine, ou presque, la presse rend compte d'un nouveau grand projet. **Michendorf**, par exemple, devrait accueillir deux terrains de golf et un parc animalier, tandis que **Teupitz** est en lice pour un parc de loisirs de 5 500 ha.

Est-il vraiment nécessaire de moderniser le réseau routier de la campagne berlinoise, Berlin possède en effet déjà un excellent réseau de transport en commun (autobus et S-Bahn) qu'il suffirait de rénover et d'étoffer pour permettre d'aller se mettre facilement au vert. On peut d'ores et déjà prendre la S-Bahn avec une bicyclette jusqu'aux terminus d'**Erkner**, **Strausberg-Nord** ou **Königs-Wusterhausen**, et découvrir la région à partir de là. Il faut quatre à six heures pour faire le tour de Berlin, en S-Bahn et R-Bahn (train régional), en comptant quelques haltes et détours

Les *dämpfer* de la Weisse Flotte offrent encore une autre perspective sur les alentours de la capitale (départ de Potsdam vers le Brandebourg).

D'autres bateaux partent de Berlin-Grünau pour une balade de sept heures en direction de **Bad-Saarow-Pieskow** ou **Scharmützelsee**, à travers d'innombrables lacs et canaux (retour en autocar).

Les randonneurs se laisseront séduire par l'un des nombreux itinéraires balisés qui entourent les eaux du **Liepnitzsee**, en passant par **Wandlitz**, ancien fief des cadres du S.E.D.

D'autres chemins de randonnée traversent la vallée marécageuse de la **Briese**, au nord de Berlin.

A droite, l'ascenseur à bateaux de Niederfinow; pages suivantes: le Nouveau Palais de Sans-Souci.

INFORMATIONS PRATIQUES

PRÉPARATIFS ET FORMALITÉS DE DÉPART

Passeport et visa

Pour les ressortissants de l'Union européenne et de Suisse, il suffit d'une carte d'identité en cours de validité ou d'un passeport périmé depuis moins de cinq ans.

Ambassades et consulats d'Allemagne

Belgique
Avenue de Turvuren, 190, 1150 Bruxelles, tél. 770 58 30

Canada
1 Waverley Street, Ottawa, Ontario K2P 0T8, tél. 232 11 01

Ambassade d'Allemagne en France
13-15, avenue Franklin Roosevelt, 75008 Paris, tél. 01 42 99 78 00
Service consulaire et juridique
34, avenue d'Iéna, 75016 Paris, tél. 01 53 83 45 00

Suisse
Villa Willadingweg 83, 3006 Berne, tél. 48 41 11

Office national allemand du tourisme

Belgique
Rue du Luxembourg 23B, 1040 Bruxelles, tél. 512 77 44

Canada
175 Bloor Street, East North Tower, suite 604, Toronto, Ontario M4W 3R8, tél. (416) 968 15 70

France
9, boulevard de la Madeleine, 75001 Paris, tél. 01 40 20 01 88

Suisse
Deutsches Verkehrsbüro, Talstrasse 62, 8001 Zurich, tél. (01) 221 13 87

Santé

Les ressortissants de l'Union européenne munis du formulaire E111 (disponible auprès des caisses de sécurité sociale du pays d'origine) bénéficient de la gratuité des soins dans les établissements publics. Ce formulaire facilite aussi le remboursement des autres frais médicaux (pharmacie, consultations privées, etc.).

Climat

Continental. L'hiver, la température descend parfois jusqu'à - 20° C) ; l'été, le mercure frôle souvent 30° C. L'hiver dure en général jusqu'en avril et revient dès octobre.

Vêtements à emporter

Entre octobre et avril, il est conseillé de se munir de vêtements chauds : gants et bonnet, collants en laine et sous-vêtements adaptés, pommade pour les lèvres. La neige est fréquente.

Douanes

Réglementation identique à celle des autres pays de l'Union européenne (les biens achetés en Allemagne ne sont soumis à aucune limite de quantité ou de valeur).

ALLER À BERLIN

En voiture

Berlin est à plus de 1 000 km de Paris par la route. L'Allemagne a un excellent réseau d'autoroutes mais les travaux entrepris sur les axes de l'ancienne R.D.A entraînent bouchons et déviations. Pas de péage. En outre, l'essence coûte moins cher outre-Rhin.

La vitesse est limitée à 50 km/h dans les villes et 30 km/h dans certaines zones d'habitation, à 100 km/h sur route, la vitesse conseillée est de 130 km/h sur autoroute.

Agences de covoiturage

Ce mode de transport, beaucoup plus répandu en Allemagne qu'en France, est très intéressant pour les petits budgets. Cotisation annuelle plus partage des frais d'essence.

Mitfahrzentrale am Alex
Alexanderplatz U-Bahn, tél. 2 41 58 20
Couloir d'accès de la ligne 8 et 2.

Allô Stop
84, passage Brady, 75010 Paris, tél. 01 42 46 00 66

Autopartage
20, rue Chaudron, 75010 Paris,
tél. 01 42 09 15 00
Le passager paye 20 c au kilomètre plus un forfait de 90 F par trajet. Il en coûte 210 F au conducteur (tarifs 1996).

En autocar

Eurolines
28, avenue du Général de Gaulle,
93541 Bagnolet Cedex, tél. 01 49 72 51 51
Quatre allers-retours par semaine (départ 19 h, arrivée 9 h le lendemain) entre la gare routière de Bagnolet (métro Gallieni) et la gare routière de la tour de la Radio (Funkturm) à Berlin-Charlottenburg.
Gulliver's Reisen
20, rue Chaudron, 75010 Paris,
tél. 01 46 07 33 38
Départ tous les jours à 20 h de Paris (près de la gare du Nord). Arrivée à Berlin à 10 h le lendemain. Retour aux mêmes heures.

En train

Tous les jours, un train direct relie Paris à Berlin. Départ de la gare du Nord vers 21 h, arrivée gare du Zoo vers 9 h le lendemain.

En avion

Air France et Lufthansa sont les deux seules compagnies qui desservent Berlin à partir de la France. Toutes deux assurent cinq ou six vols par jour (durée : 1 h 40). Il existe aussi un vol hebdomadaire Nice-Berlin.

Air France
119, avenue des Champs-Élysées, 75008 Paris,
tél. 01 44 08 22 22
A l'aéroport de Tegel
Tél. 41 01 27 15
Informations et réservations à Berlin
Tél. 26 10 51

Lufthansa
21-23 rue Royale, 75008 Paris,
tél. 01 42 65 37 35
Vols au départ de Paris, Lyon, Nice et Toulouse.
Lufthansa
Kurfürstendamm 220 (Wilmersdorf),
tél. 88 75 38 00
Aux aéroports de Tegel et Schönefeld
Tél. 88 75 63 33

Certaines agences proposent des places charter sur des vols réguliers des deux compagnies.

D.E.R. Voyage Deutsches Reisebüro
47, avenue de l'Opéra, 75002 Paris,
tél. 01 47 42 07 09
Spécialiste de l'Allemagne.

Access Voyages
6, rue Pierre-Lescot, 75001 Paris,
tél. 01 40 13 02 02

Any Way
46, rue des Lombards, 75001 Paris,
tél. 01 40 28 00 74

Club Alliance
99, boulevard Raspail, 75006 Paris,
tél. 01 45 48 89 53

Espaces Découvertes Voyages
38, rue Rambuteau, 75003 Paris,
tél. 01 42 74 21 11

Go Voyages
22, rue de l'Arcade, 75008 Paris,
tél. 01 42 66 18 18

Nouvelles Frontières
87, boulevard de Grenelle, 75015 Paris,
tél. 01 41 41 58 58

Voyageurs du Monde
55, rue Sainte-Anne, 75002 Paris,
tél. 01 42 86 16 15

Transport à partir des aéroports
Schönefeld, au sud-est : autobus 171 jusqu'au S-Bahn Schönefeld (S9, S85, R21) ou au métro Rudow (U7). Autobus 160 jusqu'à la gare de Schöneweide. La nuit : autobus N46 jusqu'à la gare du Zoo via le métro Rudow.
   Tegel, au nord-ouest : autobus 128 jusqu'au métro Kurt-Schumacher-Platz (U6) ; autobus 109 et X9 (ligne express) jusqu'au métro Jakob-Kaiser-Platz (U7).
   Tempelhof, au sud : métro Platz der Luftbrücke (U6), ou autobus 119 vers Grunewald via le Ku'damm. Autobus 104 jusqu'à Neuwestend via Treptower Park. Autobus 341 vers Moabit via Anhalter Bahnhof. Autobus 184 vers Lichterfelde-Süd.

À SAVOIR SUR PLACE

Monnaie et devises

Le mark (DM) se divise en 100 pfennigs. Il existe des pièces de 1, 2, 5, 10 et 50 pfennigs et de 1, 2, 5 et 10 DM. Les billets existent en 5,

292 INFORMATIONS PRATIQUES

10, 20, 50, 100, 500 et 1 000 DM. Un mark vaut environ 3,40 F.

Dans les aéroports et les gares, les bureaux de change sont en général ouverts de 7 h à 22 h. La carte Visa permet de retirer de l'argent dans la plupart des banques (avec une pièce d'identité), et les distributeurs de billets sont de plus en plus fréquents (une somme forfaitaire est retenue à chaque opération).

Certains magasins, hôtels, restaurants et stations d'essence acceptent le paiement par carte de crédit (Visa). Les Allemands règlent de nombreux achats en espèces.

Heures d'ouverture

● Banques

Du lundi au vendredi de 9 h à midi. Trois après-midi par semaine, elles accueillent les clients de 13 h à 15 h. Les autres jours, elles sont ouvertes de 14 h à 18 h. Les bureaux de change (*wechselstuben*) de la Deutsche Verkehrs-Bank (D.V.B.) et les banques suivantes ouvrent aussi le samedi.

Optimus-Bank
KaDeWe, Wittenbergplatz (Schöneberg)
Ouvert de 9 h à 14 h le samedi (jusqu'à 18 h 30 le premier samedi du mois).

Bahnhof Zoo
Ouvert du lundi au samedi de 7 h 30 à 22 h et de 8 h à 19 h le dimanche.

Bahnhof Friedrichstrasse
Ouvert du lundi au vendredi de 7 h à 19 h 30 et de 9 h à 17 h le samedi et le dimanche.

Hauptbahnhof
Ouvert. du lundi au vendredi de 7 h à 22 h, de 7 h à 18 h le samedi, et de 8 h à 16 h le dimanche.

● Magasins

De 9 h à 18 h 30 en semaine. Certains magasins ferment désormais à 20 h. Le jeudi, certains ferment à 20 h 30. Fermeture dimanche et jours fériés et le samedi à partir de 14 h. Le premier samedi des mois d'automne et d'hiver, ainsi que les quatre samedis avant Noël, les boutiques restent ouvertes jusqu'à 18 h (*langer Samstag*, « samedi prolongé »).

Au printemps et en été, les magasins ferment à 16 h lors du *langer Samstag*.

Après la fermeture des magasins, on trouve des produits alimentaires, du vin, des alcools, etc. dans les kiosques des stations de métro de Kurfürstendamm (de 17 h à 23 h), Fehrbelliner Platz (jusqu'à 22 h 30) à Wilmersdorf, Friedrichstrasse (de 8 h à 22 h) à Mitte, et Alexanderplatz (de 6 h à 22 h et de 8 h à 22 h le dimanche) à Mitte.

Jours fériés et fêtes locales

1er janvier : nouvel an
6 janvier : fête des Rois
Mardi gras, veille du mercredi des cendres
Vendredi qui précède Pâques : vendredi saint
Lundi de Pâques
1er mai : fête du Travail
Quarante jours après Pâques : Ascension
Septième lundi après Pâques : Pentecôte
3 octobre : fête nationale
Troisième mercredi de novembre : jour de pénitence et de prière
25 décembre : Noël

Cultes

Les Berlinois sont en majorité protestants ; 12 % d'entre eux sont catholiques.

Consistoire protestant
Bachstrasse 1-2, 10555 Berlin, tél. 39 09 13 99

Évêché de Berlin
Wundtstrasse 48-50, 14057 Berlin, tél. 32 00 61 18

Communauté juive
Fasanenstrasse 79-80, 10623 Berlin, tél. 88 42 03 32 34

Pourboires

Entre 5 % et 10 % dans les cafés, les restaurants et les taxis. Annoncer la somme arrondie au moment de payer, car il n'est pas d'usage de laisser un pourboire sur la table.

Santé et urgences

Police
Tél. 110
Pompiers-police secours
Tél. 112

Urgences médicales
Tél. 19 708
Ambulances
Tél. 112
Centre antipoison
Tél. 302 30 22

Pharmacies
Tél. 0 11 41
Dentistes
Tél. 890 04 333
Médecins
Tél. 31 00 31
Pédiatres
Tél. 61 00 61

Assistance juridique
Tél. 8 82 37 28

Objets trouvés

B.V.G.-Fundbüro (régie des transports)
Lorenzweg 5 (Tempelhof), tél. 7 51 80 21

Zentrales Fundbüro
Platz der Luftbrücke 6 (Tempelhof), tél. 69 90

Fundbüro Deutsche Bahn (chemins de fer)
Bahnhof Hackescher Markt, tél. 297-2 06 21

COMMUNICATIONS ET INFORMATIONS

Poste

Les bureaux de poste ouvrent du lundi au vendredi de 8 h à 18 h (jusqu'à 20 h 30 le jeudi), le samedi de 8 h à 12 h.

Aéroport de Tegel
Tél. 49 80 51 70
Ouvert tous les jours de 6 h 30 à 21 h.

Bahnhof Zoo
Tél. 313 97 99
Ouvert du lundi au samedi de 6 h à 24 h et de 8 h à 24 h le dimanche.

Téléphone

Les cabines publiques marchent uniquement avec des cartes (12 DM ou 50 DM) en vente dans les bureaux de poste et chez certains marchands de journaux. La face où figurent la puce et la flèche doit être tournée vers le haut.

Indicatifs
Berlin : 030
Potsdam : 031

Pour appeler de France en Allemagne, composer le 00 49 suivi de l'indicatif de la ville : 00 49 30 pour Berlin, 00 49 331 pour Potsdam.

Pour appeler d'Allemagne en France, faire le 00 33 (suivi du 1 pour Paris et la région parisienne) – (00 32 pour la Belgique, 00 1 pour le Canada, 00 41 pour la Suisse).

Pour appeler de Berlin dans un autre *land*, composer le 0 suivi de l'indicatif du *land*.

Renseignements
Nationaux : *tél. 0 11 88*
Internationaux : *tél. 0 01 18*

Presse

Au milieu du XIXᵉ siècle, Berlin est devenue un grand centre de la presse. En 1929, c'était la première ville du monde dans ce domaine : on y recensait 147 titres. Après la Seconde Guerre mondiale, les Alliés avaient droit de regard sur le nombre de titres en circulation ; en 1967, Berlin ne comptait plus que 10 journaux, soit un tirage total de 1,1 million d'exemplaires. Ce chiffre continua à chuter car les annonceurs n'étaient guère enclins à investir dans la presse berlinoise.

Le paysage berlinois est dominé par les journaux conservateurs du groupe Springer : *Berliner Morgenpost*, *B.Z.* et *Bild* (tabloïds). A gauche, on trouve le *Tagesspiegel* et le *Berliner Zeitung*. Les écologistes et les alternatifs peuvent préférer le *Tageszeitung*, premier quotidien à publier une édition pour l'Est et à réaliser une édition interallemande, juste avant la réunification.

Dans l'ancienne R.D.A., *Neues Deutschland* (ancien organe du parti), s'est forgé une nouvelle image, tandis que *Junge Welt* se veut plus critique, plus « rebelle ». Redevenu avantageuse pour les publicitaires, Berlin devrait voir naître de nouveaux titres.

Les bimensuels *Tip* et *Zitty* proposent des articles de fond et des informations détaillées sur le cinéma, le théâtre, les expositions, les concerts et toutes les manifestations culturelles berlinoises. Avec, en prime, les programmes de radio et de télévision et des pages entières de petites annonces.

Radio et télévision

Plus d'une trentaine de stations de radio proposent divers programmes, des retransmissions de concerts classiques aux émissions branchées.

R.F.I. et Europe 1 émettent sur les grandes ondes, France Inter en modulation de fréquence (93,6).

La chaîne francophone T.V.5 est diffusée sur le câble.

COMMENT SE DÉPLACER

Transports en commun

La régie des transports urbains (B.V.G.) gère un excellent réseau d'autobus, de métro (U-Bahn), de S-Bahn (l'équivalent du R.E.R.) et de tramways (dans l'ancien secteur oriental). Il existe aussi des autobus de nuit (signalés par la lettre N) et des bateaux qui font la navette d'une rive à l'autre de la Havel, entre Wannsee et Kladow. La B.V.G. publie des cartes du réseau et des horaires détaillés.

A l'unité, les tickets de métro sont assez ruineux (3,90 DM), mais il est possible d'acheter des forfaits valables 24 heures, 7 jours ou un mois (ils coûtent respectivement 16 DM, 40 DM et 89 DM), valables sur tout le réseau. On peut aussi se procurer la WelcomeCard, forfait de 29 DM qui permet de circuler dans tout Berlin et Potsdam durant 2 jours et donne droit à des réductions dans la plupart des musées et monuments, pour une personne accompagnée de trois enfants maximum. Se renseigner auprès des guichets de la B.V.G. On en trouvera un à l'extérieur de la gare du Zoo, dans la Hardenberger Strasse.

En taxi

Des milliers de taxis Mercedes beiges sillonnent Berlin. On peut les héler dans la rue ou se rendre à une tête de station. Pour commander une voiture, appeler l'un des cinq numéros suivants : 69 02, 26 10 26, 21 01 01, 21 02 02, 69 10 01 ou 2 46 22 55.

En voiture

Étant donné la multiplication des chantiers et l'intensification de la circulation, il est devenu plus difficile de circuler et de se garer.

Les zones de stationnement gênant sont très surveillées et la police enlève rapidement les véhicules.

Outre des amendes, des dégradations matérielles sont à craindre si les voitures sont garées sur des pistes cyclables.

● Services de dépannage

A.C.E. (Auto-Club-Europa)
Tél. 0 18 02 34 35 36

A.D.A.C. (Club automobile allemand)
Tél. 0 18 02 22 22 22

● Garages

Station-service Kurth Aral
Potsdamer Chaussee 6 (Zehlendorf),
tél. 8 02 70 07

Horstmann Emergency Tire Service
Sachsendamm 68-70 (Schöneberg),
tél. 7 81 44 06
Pneus express.

Katens & Warnke Breakdown Aid
Koloniestrasse 8, tél. 4 94 25 98, 4 32 93 42
Après 22 h.

● Stations d'essence ouvertes 24 h sur 24

Shell (Kant-Garages)
Kantstrasse 126 (Charlottenburg),
tél. 3 13 44 96
Shell (Uhland-Garages)
Uhlandstrasse 187 (Charlottenburg),
tél. 8 83 43 78
Shell
Hohenzollerndamm 41-42 (Tiergarten),
tél. 87 17 74
Shell
Reichpietschufer 16-18 (Tiergarten),
tél. 2 61 37 80

B.A.B. Dreilinden
Dreilinden Westseite (Siemensstadt),
tél. 8 03 40 30

Adlershof
Adlergestell 118 (Köpenick), tél. 6 76 27 68
Adlershof
Holzmarkstrasse 36-42, tél. 2 79 37 77
Adlershof
S-Bahn Pankow-Heinersdorf, tél. 4 81 33 46

Alt-Mahlsdorf
Landsberger Strasse, tél. 5 27 72 97

● Autres numéros utiles

Commissariat central
Platz der Luftbrücke 6 (Tempelhof),
tél. 699-1

Fourrière
Belziger Strasse 52-58 (Schöneberg),
tél. 78 10 71

Location de voitures

Avis
Aéroport de Tegel, tél. 41 01 31 48

Avis
Budapester Strasse 43 (Charlottenburg),
tél. 2 61 18 81

European Car Rental
Europa Center, Kurfürstenstrasse 101-104
(Charlottenburg), tél. 2 13 10 31

Sixt-Budget
Tegel Flughafen, tél. 4 12 47 57

Hertz
Aéroport de Tegel, tél. 41 01 33 15
Hertz
Budapester Strasse 39 (Charlottenburg),
tél. 2 61 10 53

Inter Rent
Aéroport de Tegel, tél. 41 01 33 68
Inter Rent
Karl-Liedknecht-Strasse 18-21
(Alexanderplatz-Mitte)

POUR MIEUX CONNAITRE BERLIN

Faits et chiffres

Statut : capitale de l'Allemagne réunifiée depuis juin 1991. Le transfert des ministères devrait s'achever vers l'an 2000. Population : 3,5 millions d'habitants. Superficie : 889 km², dont deux tiers d'espaces verts et de plans d'eau. Point culminant : Teufelsberg (120 m).

Gouvernement

La ville de Berlin est au cœur du *land* de Brandebourg. Berlin est administrée par un sénat qui siège au Rotes Rathaus, dans l'arrondissement de Mitte.
  La ville compte 23 arrondissements, chacun étant doté d'une mairie et d'un certain degré d'autonomie. Les maires d'arrondissement doivent rendre compte de leur action à l'assemblée municipale.

Économie

Berlin est la première ville industrielle d'Allemagne et le troisième centre de production à l'échelle européenne. Le secteur électrique y occupe la première place. L'agro-alimentaire, de même que les industries chimiques et pharmaceutiques, contribuent de manière importante à l'économie locale.

VISITES ET SPECTACLES

Renseignements

Les magazines *Tip* et *Zitty* permettent de se tenir au courant de tout ce qui se passe à Berlin. Outre des dossiers thématiques sur la ville et des critiques, ces deux bimensuels proposent des tableaux synoptiques des événements culturels. On peut aussi signaler les pages culture du *Tagesspiegel*.
  Consulter aussi les colonnes Morris pour en savoir plus sur les spectacles, expositions et autres manifestations culturelles.

Musées

Berlin compte plus de 160 musées, dont les plus grands et les plus réputés se concentrent sur l'île des Musées, à Charlottenburg, au Tiergarten et à Dahlem. Depuis début 1992, tous les musées nationaux dépendent du Staatliche Museen zu Berlin Preussischer Kulturbesitz (S.M.B.P.K.), qui gère la réorganisation des collections dispersées durant la Seconde Guerre mondiale et lors de la partition de l'Allemagne.
  Depuis quelques années, les musées berlinois sont en pleine transformation : la Galerie de peinture de Dahlem, par exemple, devrait s'installer en 1998 dans un nouvel édifice du Kulturforum, tandis que le Nouveau Musée devrait rouvrir ses portes vers 2000 pour accueillir le Musée égyptien.
  Tous les musées publics sont gratuits le premier dimanche du mois.

● Ile des Musées et Mitte

Ancienne Galerie nationale
Bodestrasse 1-3
Art du XIXᵉ siècle. Ouvert de 9 h à 17 h du mardi au dimanche. La restauration du bâtiment entraînera sa fermeture à partir de 1998.

Vieux Musée
Bodestrasse 1-3
Ouvert de 9 h à 20 h du lundi au vendredi, de 10 h à 20 h le samedi et le dimanche. Expositions temporaires. Ce musée devrait recueillir une partie des collections de l'Ancienne Galerie nationale et une collection d'antiquités gréco-romaines.

Musée Bode
Bodestrasse 1-3

Ouvert de 9 h à 17 h du mardi au dimanche. Musée égyptien et collection de papyrus, galerie pour les enfants, collection de sculptures. Le cabinet des monnaies est fermé. La Galerie de peinture devrait s'installer en 1998 dans le nouveau bâtiment du Kulturforum.

Musée d'Histoire de l'Allemagne
Zeughaus, Unter den Linden 2, tél. 21 50 20
Ouvert de 10 h à 18 h sauf le mercredi.

Documenta artistica
Inselstrasse 7, tél. 279 21 65
Ouvert de 10 h à 18 h du mercredi au dimanche. Histoire du cirque, des variétés et du cabaret. Fermé jusqu'à nouvel ordre.

Palais Ephraim
Poststrasse 16, tél. 238 09 00
Ouvert de 10 h à 18 h du mardi au dimanche. Peintres berlinois du baroque au Biedermeier.

Musée de Pathologie et d'Anatomie
Schumannstrasse 20-21, tél. 280 23 147
Ouvert de 14 h à 16 h du lundi au vendredi.

Musée des Huguenots
Gendarmenmarkt (Französicher Dom), tél. 229 17 60
Ouvert de 12 h à 17 h du lundi au samedi, de 13 h à 17 h le dimanche.

Knoblauchhaus
Poststrasse 23, tél. 238 09 0
Ouvert de 10 h à 18 h, du mardi au dimanche. Demeure bourgeoise de pur style Biedermeier.

Musée de la Marche
Am Köllnischen Park 5, tél. 270 05 14
Musée sur l'histoire de Berlin. Ouvert de 10 h à 18 h du mardi au dimanche.

Musée d'Histoire naturelle
Invalidenstrasse 34, tél. 28 97 25 40
Ouvert de 9 h 30 à 17 h du mardi au dimanche. Zoologie, minéralogie, paléontologie.

Musée de la Poste et des Télécommunications
Leipziger Strasse 16
Fermé pour travaux jusqu'en 1997. Les collections de ce musée sont provisoirement transférées au musée de la Poste (an der Urania 15, Schöneberg).

Église Saint-Nicolas
Nikolaikirchplatz, tél. 23 80 90 81
Ouvert de 10 h à 17 h 30 du mardi au dimanche. La plus vieille église de Berlin,

désaffectée. Présentation de sculptures et d'objets de culte du XIVe et XVIe siècle.

Musée de Pergame
Bodestrasse 1-3 (entrée Kupfergraben)
Ouvert du mardi au dimanche de 9 h à 17 h. Antiquités gréco-romaines, musée d'Art islamique et musée du Proche-Orient. Une des plus belles collections archéologiques du monde, qui comprend l'autel de Pergame, la porte du marché de Milet, les portes d'Isthar et la façade de Mshatta. Musée équipé depuis fin 1995 d'un système d'information très bien conçu (combinés portables donnant des informations en plusieurs langues).

Musée Robert-Koch
Clara-Zetkin-Strasse 96, tél. 2 20 24 11
Ouvert le mercredi et sur rendez-vous. Objets en relation avec le célèbre médecin et savant.

Musée Schinkel
Werderstrasse, tél. 208 13 23
Ouvert de 9 h à 17 h du mardi au dimanche. L'œuvre de Karl Friedrich Schinkel et la sculpture au XIXe siècle. Annexe de la Galerie nationale.

● **Dahlem**

Allied-Museum
Outpost, Clayallee 135, tél. 813 41 61
Ouvert du mardi au dimanche de 10 h à 20 h.

Jardin et Musée botanique
Königin-Luise-Strasse 6-8
Ouvert tous les jours de 9 h au coucher du soleil.

Musée Brücke
Bussardsteig 9, tél. 831 20 29
Ouvert du mercredi au lundi de 11 h à 17 h. Sculptures, dessins et autres travaux du mouvement artistique Die Brücke.

Musée du domaine de Dahlem
Königin-Luise-Strasse 49 , tél. 832 50 00
Ouvert tous les jours (sauf le mardi) de 10 h à 18 h. Reconstitution d'une ferme brandebourgeoise au XVIIe siècle.

Musée des Arts et Traditions populaires
Im Winkel 6-8, tél. 839 01 01
Ouvert de 9 h à 17 h du mardi au vendredi, de 10 h à 17 h le samedi et le dimanche. Objets usuels d'Europe centrale germanophone du XVIe siècle à nos jours. Collections précédemment hébergées au musée de Pergame.

Tous les musées suivants font partie du complexe de Dahlem. Ils sont ouverts de 9 h à 17 h du mardi au vendredi, de 10 h à 17 h le samedi et le dimanche.

Galerie de peinture
Arnimallee 23-27
La peinture européenne du XIIIᵉ au XVIIIᵉ siècle. Devrait fermer fin 1996.

Musée d'Art indien
Lansstrasse 8
Fonds archéologique, sculptures, bronzes, miniatures et objets d'artisanat : Inde, Népal, Tibet, Indochine et Indonésie.

Musée d'Art islamique
Lansstrasse 8
Objets d'art et d'artisanat en provenance du monde musulman.

Musée d'Art extrême-oriental
Lansstrasse 8
Trésors archéologiques et objets d'artisanat chinois, japonais et coréens.

Musée d'Art paléochrétien et byzantin
Arnimallee 23-27
Déménagement en discussion vers le musée Bode.

Musée d'Ethnographie
Lansstrasse 8
Objets et documents de tous les continents.

Skulpturensammlung
Arnimallee 23-27
Sculptures du début de l'ère chrétienne au XIXᵉ siècle. Déménagement en discussion vers le musée Bode.

● **Charlottenburg**

Collection de moulages de sculptures antiques
Schloss Strasse 69b, tél. 342 40 54
Ouvert de 14 h à 17 h du jeudi au dimanche.

Musée égyptien
Schloss Strasse 70, tél. 32 09 11
Ouvert de 9 h à 17 h du mardi au vendredi, de 10 h à 17 h le samedi et le dimanche. Art égyptien et reliques du temps des pharaons.

Musée Bröhan
Schlosstrasse 1a, tél. 321 40 29
Ouvert de 10 h à 18 h du mardi au dimanche. Collections de peintures, dessins, sculptures, verrerie et céramique de styles Jugendstil et

Art déco. Œuvres de la Sécession berlinoise. Esthétique industrielle.

Musée de la Radio
Messedam, tél. 302 81 86
Au pied de la tour de la Radio. Ouvert de 10 h à 17 h sauf le mardi. Histoire de la radio et de la télévision.

Galerie du Romantisme
Schloss Charlottenburg, Neuer Flügel
Annexe de la Galerie nationale. Ouvert de 9 h à 17 h du mardi au vendredi, de 10 h à 17 h le samedi et le dimanche. Tableaux de la première moitié du XIXᵉ siècle.

Musée Georg-Kolbe
Sensburger Allee 25, tél. 304 21 44
Ouvert de 10 h à 17 h du mardi au dimanche. Œuvres de Georg Kolbe.

Musée de Préhistoire et de Protohistoire
Spandauer Damm 20, tél. 32 99 12 33
Ouvert de 9 h à 17 h du mardi au vendredi, de 10 h à 17 h le samedi et le dimanche.

Château de Charlottenburg
Luisenplatz und Spandauer Damm,
tél. 39 02 11
Ouvert de 9 h à 17 h du mardi au vendredi, de 10 h à 17 h le samedi et le dimanche. L'art et la culture à la cour de Prusse-Brandebourg.

● **Tiergarten**

Musée du Bauhaus
Klingelhöferstrasse 14, tél. 25 4 00 20
Ouvert de 10 h à 17 h du mercredi au lundi. Exemples de projets réalisés au Bauhaus entre 1919 et 1933.

Musée d'Art contemporain
Hamburger Bahnhof, Invalidenstrasse 50-51
Ouvert du mardi au dimanche de 9 h à 17 h.

Gedenkstätte Deutscher Widerstand
Stauffenbergstrasse 13-14, tél. 26 54 22 00
Mémorial de la résistance allemande. Ouvert de 9 h à 18 h du lundi au vendredi, de 9 h à 13 h le samedi et le dimanche.

Bibiothèque des Beaux-Arts
Mattäikirchplatz 6, tél. 266 20 29
Salle de lecture ouverte de 9 h à 20 h du mardi au vendredi, de 14 h à 20 h le lundi. Histoire de l'art en Prusse et art contemporain. Nombreuses expositions. Récemment transférée de Charlottenburg à Tiergarten.

Musée des Arts décoratifs
Mattäikirchplatz, tél. 266 29 02
Ouvert de 9 h à 17 h du mardi au vendredi, de
10 h à 17 h le samedi et le dimanche. L'Europe
du début du Moyen Age à nos jours.

Cabinet des Dessins et Estampes
Matthäikirchplatz 6, tél. 266 20 02
Expositions temporaires. Ouvert de 9 h à 17 h
du mardi au vendredi, de 10 h à 17 h le samedi
et le dimanche. Salle de consultation ouverte
du mardi au vendredi de 9 h à 16 h. Gravure et
arts graphiques européens du Moyen Age à
nos jours. Manuscrits enluminés du Moyen
Age et de la Renaissance.

Musée des Instruments de musique
Tiergartenstrasse 1, tél. 254 81 0
Ouvert de 9 h à 17 h du mardi au vendredi, de
10 h à 17 h le samedi et le dimanche.

Nouvelle Galerie nationale
Potsdamer Strasse 50, tél. 266 26 62
Nouvelle Galerie nationale. Ouvert de 9 h à
17 h du mardi au vendredi, de 10 h à 17 h le
samedi et le dimanche. Peintures et sculptures
du XXᵉ siècle.

● **Autres musées**

Musée antimilitariste
Müllerstrasse 158 (Wedding), tél. 461 89 19
Ouvert tous les jours de 16 h à 20 h. Photographies, objets et documents autour des deux
conflits mondiaux. Armes du XIXᵉ siècle.

Musée municipal de Berlin
Lindenstrasse 14 (Kreuzberg)
Fermé pour travaux jusqu'en 1998.

Panoptikum
*Ku'damm-Eck, Kurfürstendamm 227,
tél. 883 90 00*
Ouvert tous les jours de 10 h à 23 h. Équivalent du musée Grévin.

Galerie berlinoise
*Martin-Gropius-Bau, Stresemannstrasse 110
(Kreuzberg)*
Ouvert de 10 h à 20 h du mardi au dimanche.
Œuvres sur Berlin de 1870 à nos jours.

Musée des Aveugles
Rothenburgstrasse 14 (Steglitz), tél. 790 90 80
Ouvert le mercredi de 15 h 30 à 18 h et sur rendez-vous. Matériel éducatif, objets de la vie
quotidienne et littérature sur, par et pour les
aveugles.

Musée Brecht-Weigel
Chausseestrasse 125 (Mitte), tél. 282 99 16
Ouvert de 10 h à 12 h du mardi au vendredi,
de 17 h à 19 h le jeudi, de 9 h 30 à 12 h et de
12 h 30 à 14 h le samedi. Maison où vécurent
Bertolt Brecht et sa femme Helene Weigel.

Musée de la Paix
Stresemannstrasse 27 (Kreuzberg)
Provisoirement fermé.

Musée de la Coiffure
Alt Marzahn 31 (Marzahn)
Ouvert de 10 h à 18 h du mardi au dimanche.
(Auparavant Husemannstrasse à Prenzlauer
Berg.)

Gaslaternen-Freilichtmuseum
*Berlin-Pavillon, Joseph-Haydn-Strasse
(Tiergarten)*
Sur la route de Schleusenbrücke à Tiergarten-
ufer. Musée en plein air qui présente 80 réver-
bères à gaz des années 1860.

Gründerzeitmuseum
*Hultschinerdamm 333 (Mahlsdorf),
tél. 5 27 83 29*
Musée des « années de fondation » de l'empire. Visites guidées le dimanche à 11 h et midi.
Il est conseillé de réserver. Meubles et objets
de la fin du XIXᵉ siècle.

Musée de l'Artisanat berlinois
Mühlendamm 5 (Mitte), tél. 238 09 00
Ouvert de 10 h à 17 h le lundi, de 9 h à 17 h le
mardi et le mercredi, de 10 h à 18 h le samedi
et le dimanche. Tout sur l'artisanat local du
XIIIᵉ au XIXᵉ siècle.

Haus am Checkpoint Charlie
Friedrichstrasse 44 (Kreuzberg), tél. 251 10 31
Ouvert tous les jours de 9 h à 22 h. Documents
retraçant l'histoire du mur et du mouvement
de la paix dans l'ancienne R.D.A. et les pays
de l'Est.

Musée du Chien
Alt Blankenburg (Blankenburg)
Ouvert de 15 h à 18 h le mardi, le jeudi et le
samedi et de 11 h à 17 h le dimanche.

Johannes-R.-Becher-Haus
Majakowskiring 34 (Niederschönhausen)
Ouvert de 14 h à 18 h le mardi, de 9 h à 12 h et
de 14 h à 17 h le mercredi et le jeudi, de 9 h à
12 h le vendredi. Tout sur la vie et l'œuvre de
Johannes R. Becher, écrivain qui vécut dans
cette maison.

Musée Käthe-Kollwitz
Fasanenstrasse 24 (Charlottenburg),
tél. 882 52 10
Ouvert de 11 h à 18 h tous les jours sauf le
mardi. Œuvres de l'artiste.

Martin-Gropius-Bau
Stresemannstrasse 110 (Kreuzberg),
tél. 25 48 60
Ouvert de 10 h à 20 h du mardi au dimanche.
Expositions temporaires.

Musée de la Vie ouvrière
Husemannstrasse 14 (Prenzlauer Berg),
tél. 442 25 15
La vie des ouvriers berlinois au début du XXᵉ
siècle.

Musée des Transports et des Techniques
Trebbiner Strasse 9 (Kreuzberg), tél. 25 48 40
Ouvert de 9 h à 17 h 30 du mardi au vendredi,
de 10 h à 18 h le samedi et le dimanche. Rail,
route, transport aérien, presse et édition, production, électroménager, informatique. Les
répercussions de la technique sur la société.

Village-musée Düppel
Clauertstrasse 11 (Zehlendorf), tél. 802 66 71
Ouvert de 15 h à 19 h le jeudi, de 10 h à 17 h le
dimanche, de mai à octobre. Reconstitution
grandeur nature d'un village médiéval.

Musée d'Histoire de la police
Platz der Luftbrücke 6 (Tempelhof)
Ouvert de 9 h 30 à 11 h 30 et de 13 h à 15 h du
lundi au mercredi, le jeudi et le vendredi sur
rendez-vous.

Musée des Postes de Berlin
An der Urania 15 (Schöneberg),
tél. 21 71 17 17
Ouvert de 9 h à 16 h 30 du lundi au jeudi, de
10 h à 16 h 30 le samedi et le dimanche.
Histoire du téléphone et de la poste. Actualité
technologique des télécommunications. Entrée
libre.

Scheringianum
Müllerstrasse 170-178 (Wedding),
tél. 4 68 21 71
Sur rendez-vous. Produits et matériel utilisés
en chimie et en pharmacie. Histoire de la firme
Schering et de cette industrie depuis 1850.

Citadelle de Spandau
Am Juliusturm, tél. 339 12 12
Dans l'arsenal de la citadelle de Spandau.
Ouvert de 9 h à 17 h du mardi au vendredi, de

10 h à 17 h le samedi et le dimanche. Histoire
de la ville de Spandau.

Musée du Sucre
Amrumer Strasse 32 (Wedding),
tél. 31 42 75 74
Ouvert de 9 h à 17 h du lundi au mercredi, de
11 h à 18 h le dimanche.

Châteaux

Pavillon de chasse de Grunewald
Grunewald, tél. 813 35 97
Voisin du Grunewaldsee. Ouvert de 10 h à 17 h
du mardi au dimanche. Pavillon de chasse de
Joachim II. Abrite un musée de peinture.

Château de Friedrichsfelde
Am Tierpark 125 (Lichtenberg), tél. 513 81 42
Ouvert de 10 h à 18 h du mardi au vendredi,
de 10 h à 16 h le samedi et le dimanche.
Gigantesque zoo dans le parc.

Château de Glienicke
Königstrasse 36 (Zehlendorf), tél. 805 30 41
Ouvert de 10 h à 17 h le samedi et le dimanche
de mi-mai à mi-octobre.

Château de Köpenick
Schlossinsel (Köpenick), tél. 657 26 51
Ouvert de 9 h à 17 h du mardi au dimanche.
Abrite le musée des Arts décoratifs.

Château de Niederschönhausen
Pankow
Visible de l'extérieur seulement. Très beau
parc dessiné par Lenné.

Château de l'île aux Paons
Pfaueninsel (Wannsee), tél. 805 30 42
Ouvert d'avril à septembre de 10 h à 17 h.

Château de Tegel
Adelheidallee 19-21, tél. 4 34 31 56
Téléphoner pour connaître les heures d'ouver-
ture. Objets et peintures de la collection
Wilhelm von Humboldt.

Théâtres

On peut réserver au Tourist-Info ou à l'une
des nombreuses billetteries (*theaterkassen*). Il
en existe une dans l'Europa Center.
Ticket Counter im Europa Center
Tauentzienstrasse 9, tél. 2 64 11 38
Ouvert du lundi au vendredi de 10 h à 18 h 30
(jusqu'à 20 h 30 le jeudi) et de 10 h à 14 h le
samedi (18 h 30 le *langer Samstag*).

La plupart des grands théâtres ouvrent leurs guichets dès le matin.

On peut aussi s'adresser à l'une des nombreuses *theaterkassen* pour acheter des billets à l'avance.

Deux kiosques vendent des places à moitié prix pour le soir même.

Hekticket Ku'damm
Kurfürstendamm 14
Ouvert tous les jours à partir de 16 h.

Hekticket Alexanderplatz
Alexanderplatz
Entre la tour de télévision et la gare de S-Bahn Alexanderplatz. Ouvert tous les jours à partir de 16 h.

Berliner Ensemble
Bertolt-Brecht-Platz 1 (Mitte), tél. 288 81 55

Deutsches Theater et D.T.-Kammerspiele
Schumannstrasse 13a (Mitte), tél. 28 44 10

Hansa-Theater
Alt-Moabit 48.(Moabit), tél. 3 91 44 60

Théâtre Maxime-Gorki
Am Festungsgraben 2 (Mitte), tél. 20 22 10

Metropol-Theater
Friedrichstrasse 101-102 (Mitte), tél. 20 36 40
Comédies musicales, opérettes.

Schaubühne am Lehniner Platz
Kurfürstendamm 153 (Wilmersdorf), tél. 89 00 23

Schlosspark Theater
Schlosstrasse 48 (Steglitz), tél. 7 93 15 15

Theater am Kurfürstendamm
Kurfürstendamm 206 (Charlottenburg), tél. 89 00 23
Comédies.

Theater des Westens
Kantstrasse 12 (Charlottenburg), tél. 31 90 30
Comédies musicales.

Theater im Palais
Am Festungsgraben 1 (Mitte), tél. 2 01 06 93

Volksbühne
Rosa-Luxemburg-Platz (Mitte), tél. 247 67 72

Wintergarten-Variete
Potsdamer Strasse 96 (Tiergarten), tél. 262 70 70

Opéra et musique classique

Opéra allemand
Bismarckstrasse 35 (Charlottenburg), tél. 343 84 01

Opéra comique
Behrenstrasse 55 -57(Mitte), tél. 20 26 00

Philharmonie et Kammermusiksaal
Am Kemperplatz (Tiergarten), tél. 25 48 80

Opéra d'État
Unter den Linden 7 (Mitte), tél. 203 545 55

Littérature

Si la grande époque du Romanisches Café est révolue, Charlottenburg n'en reste pas moins le quartier de prédilection des gens de lettres.

Literaturhaus
Fasanenstrasse 23, tél. 8 82 65 52
Villa magnifiquement rénovée qui sert de cadre à de nombreux événements littéraires. Trois salles de lecture, une librairie et un café sur jardin. C'est ici que se trouve le mémorial Tucholsky.

Akademie der Künste
Hanseatenweg 10 (Tiergarten), tél. 3 90 00 70

Literarisches Colloquium Berlin
Am Sandwerder 5 (Wannsee), tél. 8 16 99 60

Neue Gesellschaft für Literatur
Bismarckstrasse 17, tél. 3 42 20 59

Literaturwerkstatt Berlin
Majakowskiring 46 (Pankow), tél. 4 82 47 65

Cinémas

La Berlinale, festival international de cinéma, a lieu tous les ans en février.

Outre de nombreux studios de production, la ville abrite l'académie allemande de cinéma et de télévision (Deutsche Film- und Fernseh-akademie Berlin).

D.F.F.B.
Pommernallee 1, 14052 Berlin

Les immenses installations de Babelsberg ont été exploitées par la D.E.F.A. jusqu'à fin 1993, après avoir appartenu des décennies durant à l'U.F.A. C'est ici que les sociétés Studio Babelsberg et Euromedien font bâtir la cité des Médias, prévue pour l'an 2000.

Babelsberg Studiotour
August-Bebel-Strasse 26-53, 14482 Potsdam, tél. (0331) 9 65 27 55
Circuits guidés de deux heures à travers les studios.

Potsdam abrite aussi le musée du Cinéma (Filmmuseum) dans les anciennes écuries du château. Depuis début 1994, on peut y visiter l'exposition permanente Filmstadt Babelsberg.
La Cinémathèque allemande doit se transformer en musée du Cinéma qui ouvrirait ses portes au début du XXIᵉ siècle dans le nouvel immeuble Sony de Potsdamer Platz.
La plupart des grandes salles commerciales se situent entre l'Europa-Center et Uhlandstrasse. Mais Berlin compte aussi nombre de cinémas d'art et d'essai, où l'on peut voir des films en version originale.

Arsenal
Welser Strasse 25 (Schöneberg), tél. 218 68 48
Rétrospectives et cycles de films autour d'un thème ou d'un auteur.

Filmkunst 66
Bleibtreustrasse 12 (Charlottenburg), tél. 882 17 33

Kino im Zeughaus
Deutsches Historisches Museum (Mitte), Unter den Linden 2, tél. 21 50 20

Odéon
Hauptstrasse 116 (Schöneberg), tél. 781 56 67

Musique moderne

Pour tout savoir sur les concerts du moment, consulter les magazines *Tip* et *Zitty*.
Si le monde du jazz, du rock et de la pop est en constante évolution à Berlin, certains lieux sont connus depuis longtemps pour leurs excellents programmes musicaux. Outre le festival de jazz (Jazz-Fest) de novembre et le rendez-vous estival « Jazz dans le jardin », dans le jardin des sculptures de la Galerie nationale, les amateurs de musique n'ont que l'embarras du choix.

Flöz
Nassauische Strasse 37 (Wilmersdorf), tél. 861 10 00
Club tenu par le guitariste de jazz Franz de Byhl. Beaucoup de « pointures » internationales du free-jazz s'y produisent. Quelques numéros de cabaret.

Franz
Schönhauser Allee 36 -39 (Prenzlauer Berg), tél. 442 82 03
Sonorités rock, soul et underground.

Knaack-Club
Greifswalder Strasse 224 (Prenzlauer Berg), tél. 442 70 61
Mêmes tendances que le précédent.

K.O.B.
Potsdamer Strasse 157 (Schöneberg), tél. 215 20 60
Autre rendez-vous des amateurs de post-punk et de grunge.

Loft
Nollendorfplatz 5 (Schöneberg), tél. 651 89 00
Jeunes groupes à découvrir : rock berlinois, « indépendants » britanniques, musique psychédélique et underground de tous horizons.

Podewil
Klosterstrasse 68-70 (Mitte), tél. 24 74 96
Du jazz au rock et au punk, en passant par le théâtre, la danse, etc.

Quasimodo
Kantstrasse 12a (Charlottenburg), tél. 312 80 86
Accueille de grands noms du jazz, du rock et du blues.

Yorckschlösschen
Yorckstrasse 15 (Kreuzberg), tél. 215 80 70

Promenades culturelles

Berliner Geschichtswerkstatt
Golzstrasse 49 (Schöneberg), tél. 2 15 44 50
Visites de Berlin en bateau l'été.

Kultur Büro Berlin - Zeit für Kunst
Greifenhagener Strasse 62 (Prenzlauer Berg), tél. 4 44 09 36
Promenades axées sur l'histoire de l'art.

Stattreisen Berlin
Turmstrasse 4 (Tiergarten), tél. 4 55 30 28
Promenades à pied à travers l'histoire sociale et politique de la ville. Dans plusieurs langues, dont le français.

Pour un premier aperçu de Berlin, on pourra emprunter la ligne 119 (autobus à impériale), qui circule entre l'aéroport de Tempelhof et Grunewald, en passant par Kreuzberg et le Ku'damm. La ligne de tramway numéro 1 relie

Heinersdorf à l'île des Musées, *via* Prenzlauer Allee et Oranienburgerstrasse. Enfin, la ligne 100 mène de la gare du Zoo à Prenzlauer Berg, en passant par Unter den Linden et Alexanderplatz.

Pour une somme très raisonnable, les autocars Schmetterling, sur lesquels un triangle est représenté, emmènent les visiteurs au bord de lacs et de forêts berlinois. Quatre circuits principaux :

L'un de ces circuits (de mai à fin août) longe la Havel, en passant par la presqu'île de Schildhorn et le Grunewaldturm. Les autocars prennent les voyageurs devant la station de métro Theodor-Heuss-Platz (U1) et au niveau du S-Bahn Wannsee (S1 ou S3). De mai à octobre, une ligne assure la liaison entre la station de S-Bahn Wannsee et la Pfaueninsel (Ile aux Paons). Une autre ligne relie la station de S-Bahn Nikolassee au Strandbad Wannsee (plage de Wannsee), une quatrième enfin entre le métro Tegel (U6) au Strandbad Tegel.

En été, des bateaux à vapeur de la Weisse Flotte (flotte blanche) font des croisières sur les cours d'eau. Départ de l'embarcadère accessible par la station de S-Bahn Treptower Park.

Reisebüro
Alexanderplatz, tél. 2 12 33 75
Agence de Treptow
Tél. 2 71 23 26
Bureaux de la Weisse Flotte
Tél. 2 72 87 41

Zoos

Tierpark Berlin-Friedrichsfelde
Am Tierpark 125 (Lichtenberg), tél. 51 53 10
Ouvert tous les jours de 9 h à la tombée de la nuit.

Zoologischer Garten (Zoo)
Hardenbergplatz 8 (Tiergarten), tél. 25 40 10
Ouvert tous les jours de 9 h à 18 h 30.

Aquarium
Budapester Strasse 32 (Tiergarten),
tél. 25 40 10
Ouvert tous les jours de 9 h à 18 h.

Pour les enfants

Berlin regorge de terrains de jeux pour les petits. Dans une quarantaine d'entre eux, les bambins peuvent se servir de scies et de marteaux pour bâtir des cabanes. Le Freizeitpark

Lübars (Quickbornerstrasse, à Reinickendorf) offre de nombreuses distractions et activités sportives, ainsi qu'une ferme où les enfants ont un aperçu de ce qu'est la vie à la campagne.

Durant les vacances d'été, la ville de Berlin propose une carte qui permet aux plus jeunes de participer à de nombreuses activités.

Les magazines *Tip* et *Zitty* comportent des pages spéciales enfants. A éplucher attentivement pour découvrir de nouvelles idées.

● **Fermes**

Il s'agit de vraies fermes (avec animaux en chair et en os) aménagées pour les enfants et leurs parents.

Weddinger Kinderfarm
Luxemburgische Strasse 25 (Wedding),
tél. 4 62 10 92
Ouvert de 13 h à 18 h du mardi au dimanche.

Kinderbauernhof Görlitzer Bahnhof
Wiener Strasse 59 (Kreuzberg), tél. 6 11 74 24
Ouvert de 10 h à 19 h toute la semaine sauf le mercredi.

Kinderbauernhof Pinke-Panke
Bahnhofstrasse 15-18 (Pankow),
tél. 4 89 25 93
Ouvert de 13 h à 18 h du mardi au vendredi, de 10 h à 18 h le samedi et le dimanche.

Kinderbauernhof
U.F.A.-Fabrik, Viktoriastrasse 13-18
(Tempelhof), tél. 7 51 72 44
Ouvert de 11 h à 16 h du lundi au vendredi, de 12 h à 16 h le samedi et le dimanche.

Tempodrom
In den Zelten (Tiergarten), tél. 394 40 45
Ravira tous les petits qui rêvent de faire du cirque.

● **Théâtre**

Plusieurs établissements présentent des spectacles destinés aux enfants. Les trois suivants sont les plus connus :

Berliner Figurentheater
Yorckstrasse 59 (Kreuzberg), tél. 786 98 15

Grips-Theater
Altonaer Strasse 22 (Moabit), tél. 391 40 04

Hackesches Hof-Theater
Rosenthaler Strasse 40-41, tél. 2 83 25 87

Kleks-Kindertheater
Schinkestrasse 8-9 (Neukölln), tél. 6 93 77 31

● **Gardes d'enfants**

Heinzelmännchen
Freie Universität, tél. 831 60 71
T.U.S.M.A.
Technische Universität, tél. 30 85 46

VIE NOCTURNE

Cabarets et boîtes de nuit

Abraxas
*Kantstrasse 134 (Charlottenburg),
tél. 3 12 94 93*
Fermé le lundi. Boîte de nuit. Musique et ambiance latino-américaines.

Bar Jeder Vernunft
*Schaperstrasse 24 (Wilmersdorf),
tél. 883 15 82*
Fermé le lundi et le mardi. Dîners-spectacles. L'une des adresses préférées des Berlinois.

Blue Note
*Courbierestrasse 13 (Schöneberg),
tél. 218 72 48*
Fermé le lundi et le mardi. Bar et boîte de nuit. Ambiance jazzy.

Chamäleon Variete
*Rosenthaler Strasse 40-41 (Mitte),
tél. 2 82 71 18*
Fermé le lundi et le mardi. Spectacles à 20 h 30 et à minuit. Le plus anarchique des cafés-théâtres berlinois. Beaucoup d'ambiance.

Clärchens Ballhaus
Auguststrasse 24-25 (Mitte)
Depuis quelques décennies, c'est le rendez-vous de tous ceux, jeunes et moins jeunes, qui aiment « guincher ». Atmosphère populaire typiquement berlinoise.

Die Distel
Friedrichstrasse 101 (Mitte), tél. 200 47 04

Friedrichstadtpalast
Friedrichstrasse 107 (Mitte), tél. 23 26 24 74
Fermé le lundi. Théâtre de variétés à l'équipement scénique perfectionné. Danseuses réputées pour leurs longues jambes. Après le spectacle, on peut danser au son d'un orchestre.

Kartoon
Französische Strasse 24 (Mitte), tél. 229 93 05
Cabaret et satire politique.

Metropol
Nollendorfplatz 5 (Schöneberg), tél. 216 41 22
Ouvert le vendredi et le samedi. La boîte de nuit la plus vaste de Berlin. Clientèle très jeune.

Scheinbar
*Monumentenstrasse 9 (Schöneberg),
tél. 784 55 39*
Théâtre de variétés qui donne leur chance à de nombreux jeunes artistes.

Culture alternative

Pour tout savoir sur l'actualité « alternative », consulter le *Tageszeitung*, *Tip* ou *Zitty*.

D'innombrables bars donnent un aperçu de la subculture berlinoise, mais on en capte mieux l'essence dans l'un des endroits où règne l'esprit « alternatif ».

Kulturbrauerei
*Knaackstrasse 97 (Prenzlauer Berg),
tél. 441 92 69*

Mehringhof
Gneisenaustrasse 2 (Kreuzberg)
Rassemble plus d'une trentaine de projets.

Schoko-Fabrik
*Mariannenstrasse 6 (Kreuzberg),
tél. 6 15 20 00*

Tacheles
*Oranienburgerstrasse 53-56 (Mitte),
tél. 282 61 85*
Programme vivant et varié : films, concerts, expositions, spectacles. Boire un verre au café Zapata. Dans un bâtiment des anciens Friedrichstadt-Passagen, grands magasins d'avant-guerre.

Tempodrom
In den Zelten (Tiergarten), tél. 394 40 45
Concerts, débats politiques, rencontres culturelles. Le chapiteau devrait s'installer sur le site de l'Anhalter Bahnhof lorsque le Bundestag aura déménagé de Bonn à Berlin.

U.F.A.-Fabrik
*Viktoriastrasse 13-18 (Tempelhof),
tél. 75 50 30*
Anciens studios de l'U.F.A. qui abritent des ateliers culturels, sportifs ou d'artisanat. Un

vrai village en pleine ébullition. Faire une halte au café Olé, dans le jardin.

Shopping

KaDeWe
Wittenbergplatz
Vitrine de l'Ouest du temps du mur. De la mode au mobilier en passant par les produits de beauté, les bijoux et la gastronomie, le magasin a sept étages. Mais seul le rayon alimentation (6e étage) et ses spécialités à consommer sur place valent un détour.

Galeries Lafayette
Friedrichstrasse
Immeuble construit par Jean Nouvel.

Ku'damm-Eck (angle Kurfürstendamm et Joachimsthaler Strasse), Ku'damm Karree (Uhlandstrasse) et Europa-Center sont des centres commerciaux agréables à explorer lorsque le temps fait grise mine.

Berlin donne le ton en Allemagne. Mais les boutiques du Ku'damm sont surtout destinées aux touristes ou aux Berlinois aisés. De nombreuses petites rues qui entourent l'illustre avenue comptent elles aussi une foule de boutiques.

Les jeunes découvriront des magasins branchés de Bleibtreustrasse et d'Uhlandstrasse. Les boutiques de Fasanenstrasse et de Nürnberger Strasse, non loin de Tauentzienstrasse, à Wilmersdorf, rivalisent d'élégance. Ceux à qui un brin d'excentricité ne fait pas peur trouveront leur bonheur, à des prix relativement raisonnables, dans les magasins Chrome de Kantstrasse et de Motzstrasse. Les amateurs de fripes feront un tour à *Garage,* sur Ahornstrasse et Nollendorfplatz, ou au magasin Berlin de Pohlstrasse. Ces deux magasins vendent au kilo des frusques plus originales les unes que les autres. Le Kaufhaus Schrill de Bleibtreustrasse se réclame d'un style moins extravagant. Quelques jolies boutiques agrémentent les environs de Hackescher Markt et d'Oranienburger Strasse.

Berlin est aussi le paradis des chineurs et des collectionneurs d'antiquités. Des antiquaires haut de gamme, qui pratiquent toutefois des prix très élevés, se concentrent aux alentours de Keithstrasse, entre Eisenacherstrasse et Motzstrasse, sur Fasanenstrasse et le Kurfürstendamm. Suarezstrasse, à Charlottenburg, est aussi un paradis pour chasseurs d'antiquités.

Les brocantes de Nollendorfstrasse, de Kreuzberg – autour de Bergmannstrasse – et de Flughafenstrasse, à Neukölln, pratiquent des prix beaucoup plus abordables. Berlin possède, en outre, de nombreux marchés aux puces (*flohmarkt*).

Berlin abonde en boutiques d'objets d'art et d'artisanat, notamment dans la zone piétonnière qui s'étend autour de Wilmersdorfer Strasse. Les connaisseurs ne manqueront pas le Zinnfiguren-Kabinett (cabinet des figurines en étain) dont la réputation a largement dépassé les limites de la ville. Sophienstrasse, à Mitte, on trouve aussi quelques magasins proposant de belles pièces.

Au centre commercial d'Augsburger Strasse, juste derrière le Kurfürstendamm, on vend des équipements et des accessoires de photo à des prix raisonnables. Le magasin Wegert (grande chaîne berlinoise de matériel photographique) fait l'angle de Potsdamer Strasse et de Kurfürstenstrasse.

Les bijouteries comme Hülse (Kurfürstendamm) ou Krischke (Schlüterstrasse) sont spécialisées dans les pièces Art déco ainsi que dans les bijoux et l'argenterie russes. Le Suisse Türler est à l'angle de Friedrichstrasse et d'Unter den Linden.

Unter den Linden est en passe de retrouver son élégance et son animation. A l'époque de la R.D.A., c'est ici que se trouvait la grande manufacture de porcelaine de Meissen.

Friedrichstrasse aspire à rivaliser avec le Kurfürstendamm. Les passages couverts, comme la Dreispitzgalerie et les Friedrichstadtpassagen, avec leurs cafés, restaurants et boutiques, viennent s'ajouter aux nombreux magasins existants.

Nikolaiviertel, le plus vieil arrondissement de la ville, se transforme en petit quartier commercial huppé, l'un des plus luxueux de Berlin.

Scheunenviertel a engendré tout un univers artistique, dont plusieurs galeries d'art d'avant-garde, notamment dans Kleine Auguststrasse.

Plusieurs magasins aux proportions parfois gigantesques jalonnent Karl-Marx-Allee. Parmi eux, la librairie Karl-Marx (n° 78-84) vaut le coup d'œil. Il est vrai qu'à Berlin on trouve des librairies à tous les coins de rue. Schropp (Lauterstrasse) offre un vaste choix de cartes et de guides de voyage. Le Kunstsalon Berlin (Unter den Linden 37) et le Modernes Antiquariat (Schönhauser Allee 126, tél. 4 49 78 53) se distinguent par leur sélection de beaux livres et de posters ; le Zentrales Antiquariat (Rungestrasse 20, tél. 2 79 21 95) propose un grand choix d'ouvrages.

Dans les environs d'Alexanderplatz, les cafés alternent avec de petits magasins accueillants.

OÙ SE RESTAURER

Spécialités berlinoises

Berlin a ses spécialités, mais les restaurants d'authentique cuisine berlinoise sont toutefois de plus en plus difficiles à trouver.

Le vrai restaurateur berlinois se fait un plaisir de régaler sa clientèle d'*aal grün*, anguilles aux herbes en sauce. Les cours d'eau et les lacs des environs de Berlin sont le royaume de poissons dont le brochet (*hecht*), la perche (*barsch*) et la silure (*welse*). Aussi les restaurants installés au bord de l'eau proposent-ils de nombreuses spécialités de poissons. Cependant, les poissons d'eau douce proviennent en général d'élevages ou d'autres régions d'Allemagne.

Certains établissements proposent un *altberliner buffet* : petits pains au froment et au seigle tartinés de graisse fondue (*schusterjungs mit schmalz*), galettes de pommes de terre à la compote (*kartoffelpuffer mit apfelmus*), boulettes de viande à la moutarde (*bouletten mit mostrich*), *pfannkuchen*, crêpes connues dans le reste du pays simplement sous le nom de *Berliner*, harengs marinés dans du vinaigre aux épices (*rollmops*) et gros cornichons au vinaigre (*sauere gurken*).

Nombre de cafés inscrivent à leur menu un *katerfrühstück* (petit déjeuner spécial « gueule de bois »), qui comprend toujours du hareng sous diverses formes. Ce serait une hérésie de ne pas goûter au *matjeshering* (filet de hareng vierge) à la crème, accompagné de pommes, d'oignons et de cornichons. Les filets de *matjes matjeshering* se dégustent aussi avec des haricots verts et des pommes de terre en robe des champs sur un lit de glaçons avec du beurre.

Quelques restaurants (dont certains très chics) préparent un excellent *eisbein* (jarret et pied de porc fumés). En principe, un bon *eisbein* ne contient que de la viande maigre. Agrémenté de choucroute et de purée de petits pois, il se déguste avec de la bière et du schnaps frappé. Le *schnitzel* est une escalope de veau ou de porc.

Avec un peu de chance, on peut trouver une bonne *kartoffelsalat* (salade de pommes de terre) ou de délicieuses *berliner bouletten* (boulettes de viande à la berlinoise). Toutefois, certains restaurants peu recommandables se contentent de servir un peu de *kartoffelsalat* précuite en barquette, et les *bouletten* contiennent souvent beaucoup trop de mie de pain

qu'il ne sied, ce qui leur a valu le surnom de « pain magique ».

Les *kasseler*, côtes ou côtelettes de porc salées et fumées, se présentent aussi sous forme de *rolle*, c'est-à-dire de viande pressée et roulée. Grillée et agrémentée d'une sauce savoureuse, elle constitue le plat familial par excellence. Les *kasseler* se dégustent aussi froides, en tranches, accompagnées de salade de pommes de terre, en mayonnaise ou en vinaigrette. Dans tous les cas, les *kasseler* ne sauraient se passer d'oignon finement haché.

Les *königsberger klops* sont aussi de grands classiques, tant au restaurant qu'à la maison. Si leur préparation est semblable à celle des *bouletten*, ils sont non pas grillés, mais bouillis ; un bon *königsberger klops* se compose pour moitié de viande hachée et pour moitié de viande émincée. Le bouillon sert ensuite à confectionner une sauce légère aux câpres. Le dimanche soir, dans les chaumières, on sert souvent de la soupe de pommes de terre au persil frais et des saucisses ou du jambon frits. Quelques *forsthausrestaurants*, non loin des domaines de chasse de Grunewald, préparent sur commande du rôti de sanglier.

Les pommes de terre bouillies au *quark* (sorte de fromage blanc aigre) et à l'huile de lin, versée dans un puits creusé dans le fromage, semblent ne trouver grâce qu'aux yeux des Berlinois.

La bière est la boisson favorite des Berlinois. A la fin du XIXe siècle, plus de 100 brasseries en produisaient 5 millions d'hectolitres. Certaines ont été rachetées et d'autres ont disparu, si bien qu'il ne reste plus que quelques grandes marques : Schultheiss, Engelhardt, Rex, Berliner Kindl et Hochschul-Brauerei. La Berliner Weisse (bière blanche au froment légère et rafraîchissante), surnommée « champagne du Nord », est un héritage huguenot. Les bières locales s'avérant trop amères à leur goût, ils décidèrent, à la fin du XVIIe siècle, de brasser leur propre *weisbier*. Relevée de quelques gouttes de sirop de framboise ou d'aspérule, elle acquiert une saveur et une couleur caractéristiques.

Quelques adresses

On trouve toujours quelque chose à se mettre sous la dent à Berlin, de la cuisine traditionnelle aux spécialités des quatre coins du monde ; de la simple auberge aux tables « nouvelle cuisine » ; des plats servis dans les tavernes et dans les bars aux innombrables stands de saucisses et en-cas, dont le plus célèbre se situe dans la station de métro Eberswalder Strasse.

● **Cuisine gastronomique**

Bar Centrale
Yorckstrasse 82 (Kreuzberg), tél. 7 86 29 89
Cuisine italienne. Ambiance décontractée.
Toujours plein à craquer.

Borchardt
Französische Strasse 47 (Mitte), tél. 229 31 44
Restaurant chic et branché. Cadre splendide à
deux pas du Gendarmenmarkt.

Bovril
Kurfürstendamm 184 (Wilmersdorf),
tél. 881 84 61
Spécialités françaises et allemandes. Rendez-
vous des hommes d'affaires et de tous ceux qui
veulent être dans le coup.

Frühsammers Gasthaus
Matterhornstrasse 101 (Zehlendorf),
tél. 8 03 27 20
Nouvelle cuisine dans un cadre élégant.

Ponte Vecchio
Spielhagenstrasse 3 (Charlottenburg),
tél. 3 42 19 99
Délicieuses spécialités du nord de l'Italie. Se
laisser guider par l'inspiration du chef.

Rockendorfs Restaurant
Düsterhauptstrasse 1 (Waidmannslust),
tél. 4 02 30 99
Quelque peu excentré, mais l'une des
meilleures adresses berlinoises, dans une
splendide villa Art nouveau.

Silhouette
Grand Hotel Maritim, Friedrichstrasse 158-
164 (Mitte), tél. 2 02 70
A l'angle d'Unter den Linden. Plats légers et
originaux délicieux. Ouvert du mardi au
samedi.

● **Cuisine allemande**

Exil
Paul-Lincke-Ufer 44a (Kreuzberg),
tél. 6 12 70 37
Rendez-vous des artistes et pseudo-artistes.
Spécialités d'origine autrichienne.

Hardtke
Meinekestrasse 27 (Wilmersdorf),
tél. 8 81 98 27
Grand restaurant à deux pas du Ku'damm.
Dispose de sa propre boucherie. Spécialités de
viande.

Max und Moritz
Oranienstrasse 162 (Kreuzberg), tél. 614 10 45
Antique taverne berlinoise. Viande excellente.

Reinhard's
Poststrasse 28 (Mitte), tél. 2 42 52 95
Le parfum des années folles, au cœur de Niko-
laiviertel. Succulente cuisine internationale.

Tartuffel
Körterstrasse 15 (Kreuzberg), tél. 6 93 74 80
Spécialités prussiennes : variations sur le
thème de la pomme de terre .

Zur Letzten Instanz
Waisenstrasse 14-16 (Mitte), tél. 242 55 28
Fondé en 1621. Rendez-vous de tous les
grands noms. Adossé aux remparts médiévaux.

● **Cuisine d'Europe orientale**

Marjellschen
Mommsenstrasse 9 (Charlottenburg),
tél. 883 26 76
Les meilleurs spécialités de Prusse orientale,
Poméranie et Silésie, ambiance douillette.

Polonaise
Ferdinandstrasse 33 (Wilmersdorf),
tél. 7 72 15 00
Ambiance et spécialités polonaises.

Schwejk
Ansbacherstrasse 4 (Schöneberg),
tél. 2 13 78 92
Cuisine et bière de Bohême pour ceux qui ont
un solide appétit. Beaucoup d'ambiance.

● **Cuisine française**

Abricot
Hasenheide 48 (Kreuzberg), tél. 6 93 11 50
Jeune et branché, au cœur de Kreuzberg.

Französischer Hof
Jägerstrasse 36 (Mitte), tél. 229 31 52
Une tradition culinaire héritée des huguenots.

Florian
Grolmannstrasse 52 (Charlottenburg),
tél. 313 91 84
Ambiance française mais cuisine autrichienne.
Pris d'assaut pendant le festival de cinéma.

Paris-Bar
Kantstrasse 152 (Charlottenburg),
tél. 313 80 52
On y vient surtout pour voir et être vu.

Storch
Wartburgstrasse 54 (Schöneberg),
tél. 784 20 59
Excellentes spécialités alsaciennes.

● **Cafés**

Bar Am Lützowplatz
Lützowplatz 7 (Schöneberg), tél. 262 68 07
Le plus long comptoir de Berlin (16 m). Grand
choix de cocktails et de whiskys.

Café Adler
Friedrichstrasse 206 (Kreuzberg),
tél. 2 51 89 65
Face à l'ancien Checkpoint Charlie. Classé
monument historique.

Café Einstein
Kurfürstenstrasse 58 (Schöneberg),
tél. 2 61 50 96
Café viennois transposé à Berlin. Dans une
villa qui a appartenu à une vedette du cinéma
muet. Grand jardin et excellents gâteaux.

Café Einstein
Unter den Linden 42 (Mitte), tél. 204 36 32
Filiale du premier ouverte en mars 1996. Vaste
salle lumineuse, décoration design. L'un des
trop rares cafés sur Unter den Linden.

Café-restaurant Zeughaus
Unter den Linden 2 (Mitte), tél. 21 50 21 29
Café viennois très animé, dans la même
enceinte que le musée d'Histoire allemand.

Diener
Grolmannstrasse 47 (Charlottenburg),
tél. 881 53 29
Ambiance années 20. Du nom d'un boxeur
célèbre.

Golgotha
Kreuzberg, tél. 7 85 24 53
Sur la colline de Kreuzberg, immense café et
discothèque en plein air.

Harry's New York Bar
Grand Hotel Esplanade, Lützowufer 15
(Tiergarten), tél. 26 10 11
Cadre magnifique. On y croise la jeunesse
dorée sous le regard bienveillant des prési-
dents américains.

Kumpelnest 3 000
Lützowstrasse 23 (Tiergarten), tél. 2 61 69 18
On s'amuse jusqu'à l'aube dans cet ancien
lupanar reconverti en bar.

Literaturhaus
Fasanenstrasse 23 (Wilmersdorf),
tél. 8 82 54 14
Café chic avec un agréable jardin.

Loretta im Garten
Lietzenburger Strasse 89, tél. 8 82 33 54

Luise
Königin-Luise-Strasse 40 (Dahlem),
tél. 8 32 84 87
Les étudiants s'y retrouvent sous les vieux
marronniers.

Madonna
Wiener Strasse 22 (Kreuzberg), tél. 6 11 69 43
Ancien lieu culte des rockers berlinois.

Obst und Gemüse
Oranienburger Strasse 49 (Mitte),
tél. 282 96 47
Clientèle jeune et branchée.

Restauration 1900
Husemannstrasse 1 (Prenzlauer Berg),
tél. 442 24 94
Existait déjà du temps de la R.D.A. Café
mythique de Kollwitzplatz

Schildhorn
Am Schildhorn 4a (Zehlendorf), tél. 3 05 31 11
Huîtres et champagne pour clientèle huppée.
Au bord de la Havel.

Schwarzes Café
Kantstrasse 148 (Charlottenburg),
tél. 313 80 38
Ouvert 24 heures sur 24. Branché depuis des
années.

Silberstein
Oranienburger Strasse 27 (Mitte),
tél. 2 81 20 95
Public artiste et branché. Musique tonitruante.

Zur Weissen Maus
Ludwigkirchplatz 12 (Wilmersdorf),
tél. 882 22 64
Pour retrouver le souvenir des années folles.

OÙ LOGER

Les plus beaux établissements de l'ancienne
capitale impériale se concentrent au cœur de la
ville, mais on peut trouver des chambres à des
prix plus modiques, même dans le centre.

La partie ouest de la ville compte 350 hôtels et pensions. La capacité d'accueil est encore plus restreinte dans les arrondissements orientaux, qui manquent de petits établissements, mais cet état de fait ne cesse d'évoluer. En pleine saison touristique et durant les festivals, il devient difficile de se loger.

On trouve des chambres avec petit déjeuner chez l'habitant. Les centrales de colocation et de sous-location (*mitwohnzentrale*) sont une alternative intéressante ; il est notamment possible de louer un appartement meublé ou une chambre pour une courte période.

Berlin Tourismus Marketing
Am Karlsbad 11, 10785 Berlin, tél. 25 00 25
Ligne de réservation centrale 24 heures sur 24.

Allgemeine Deutsche Zimmerreservierung
Corneliusstrasse 34, 60326 Frankfurt-am-Main, tél. (069) 74 07 67, télécopie (069) 75 10 56
La centrale allemande de réservation hôtelière (A.D.Z.) confirme aussitôt les réservations.

Luxe

Berlin Hilton
Mohrenstrasse 30 (Mitte, 10117), tél. 238 20, télécopie 23 82 42 69
Hôtel récent à proximité de Gendarmenmarkt.

Kempinski Hotel Bristol
Kurfürstendamm 27 (Charlottenburg, 10719), tél. 88 43 40, télécopie 88 36 075
Très bel hôtel de caractère. Salles de bains en marbre.

Grand Hotel Esplanade
Lützowufer 15 (Tiergarten, 10785), tél. 25 47 80, télécopie 2 65 11 71
Ambiance chaleureuse. Décoration design.

Hotel Berlin
Lützowplatz 17 (Tiergarten, 10785), tél. 260 50, télécopie 26 05 27 15
Belle architecture des années 50. Spacieux. Nombreux services.

Inter-Continental
Budapester Strasse 2 (Tiergarten, 10787), tél. 2 60 20, télécopie 26 02 8 07 60
Le plus grand hôtel de Berlin. Grand luxe. Piscine.

Maritim Berlin Hotel
Friedrichstrasse 150 (Mitte, 10117), tél. 238 75, télécopie 23 87 42 09
Le plus beau de la ville. Pur style néo-wilhelminien.

Radisson S.A.S. Hotel Berlin
Karl-Liebknecht-Strasse 5 (Mitte, 10178), tél. 238 28, télécopie 23 82 75 90
Ancien hôtel de luxe de R.D.A. Assez peu de charme mais tout confort.

Schlosshotel Vier Jahreszeiten
Brahmsstrasse 6-10 (Wilmersdorf, 14193), tél. 89 58 40, télécopie 89 58 48 00
Ouvert en 1994. Décoration de Karl Lagerfeld.

Steigenberger Berlin
Los-Angeles-Platz 1 (Tiergarten, 10789), tél. 2 12 70, télécopie 2 12 71 17
Décoration élégante. Piscine et piano-bar. On y croise des célébrités.

Haut de gamme

Sorat Art' Hotel
Joachimstaler Strasse 29 (Charlottenburg, 10719), tél. 88 44 70, télécopie 88 44 7-700
Hôtel décoré par l'artiste berlinois Wolf Vostell.

Avantgarde
Kurfürstendamm 15 (Charlottenburg, 10719), tél. 8 82 64 66, télécopie 8 82 40 11
Style néo-baroque. Chambres immenses.

Mondial Berlin
Kurfürstendamm 47 (Charlottenburg, 10707), tél. 88 41 10, télécopie 88 41 11 50
Chambres spacieuses. Bien équipé pour les handicapés.

Residenz Berlin
Meinekestrasse 9 (Charlottenburg, 10719), tél. 88 44 30, télécopie 8 82 47 26
Ambiance Belle Époque. Calme et accueillant. Bon restaurant Art nouveau.

Riehmers Hofgarten
Yorckstrasse 83 (Kreuzberg, 10965), tél. 78 10 11, télécopie 7 86 60 59
Petit hôtel de la fin du XIXᵉ siècle dans un bel ensemble architectural.

Savoy
Fasanenstrasse 9 (Charlottenburg, 10623), tél. 31 10 30, télécopie 31 10 3-333
Confortable et moderne. Bon restaurant.

Seehof
Lietzensee-Ufer 11 (Charlottenburg, 14057), tél. 32 00 20, télécopie 32 00 22 51
Cadre idéal. Restaurant avec terrasse. Vue sur le lac.

Schweizerhof
*Budapester Strasse 21-31 (Tiergarten, 10787),
tél. 2 69 60, télécopie 2 69 69 00*
Classique et confortable. Piscine.

Catégorie moyenne

Alpina
*Trabener Strasse 3 (Wilmersdorf, 14193),
tél. 8 91 60 90, télécopie 8 93 53 42*
Dans une petite villa avec jardin.

Dittberner
*Wielandstrasse 26 (Charlottenburg, 10707),
tél. 8 84 69 50, télécopie 8 85 40 46*
Chambres décorées avec goût. Large gamme
de prix.

Hotel-Pension Funk
*Fasanenstrasse 69 (Charlottenburg, 10719),
tél. 8 82 71 93, télécopie 883 33 29*
Ambiance Vieux Berlin. Très grandes
chambres.

Hotel-Pension Savoy
*Meinekestrasse 4 (Charlottenburg, 10719),
tél. 8 81 37 00, télécopie 8 82 37 46*
Charmant petit hôtel.

Hotel Transit
*Hagelberger Strasse 53-54 (Kreuzberg,
10965), tél. 785 50 51, télécopie 785 96 19*
Clientèle jeune et sympathique.

Pour les jeunes et les petits budgets

Hotel-Pension Bialas
*Carmerstrasse 16 (Charlottenburg, 10623),
tél. 3 12 50 25*

Centrum Pension Berlin
*Kantstrasse 31 (Charlottenburg, 10623),
tél. 31 61 53*

Hotel Charlottenburger Hof
*Stuttgarter Platz 14 (Charlottenburg, 10627),
tél. 3 24 48 19*

Hotel-Pension Cortina
*Kantstrasse 140 (Charlottenburg, 10623),
tél. 3 13 90 59*

Hotel-Pension Elton
*Pariser Strasse 9 (Wilmersdorf, 10719),
tél. 8 83 61 55*

Jugendherberge Wannsee
Badeweg 1 (Zehlendorf, 14129), tél. 803 20 34

Jugendgästehaus am Zoo
*Hardenbergstrasse 9a (Charlottenburg,
10623), tél. 312 94 10*

Jugendgästehaus Berlin
*Kluckstrasse 3 (Schöneberg, 10785),
tél. 261 10 97*

Il existe aussi des *mitwohnzentralen* qui permettent de loger chez l'habitant pour quelques
jours ou quelques semaines.

Erste Mitwohnzentrale
*Sybelstrasse 53 (Charlottenburg),
tél. 324 30 31*

Mitwohnzentrale Ku'damm-Eck
*Kurfürstendamm 227-228 (Charlottenburg),
tél. 88 30 51*

Mitwohnagentur Streicher
*Immanuelkirchstrasse 8 (Prenzlauer Berg),
tél. 4 27 41 72*

Tourisme chez l'habitant
*B.P. 8338, 15, rue des Pas-Perdus,
95804 Cergy-Saint-Christophe,
tél. 01 34 25 44, télécopie 01 34 25 44 45*

GLOSSAIRE

Oui	*Ja*
Non	*Noin*
Bonjour (le matin)	*Guten Morgen*
Bonjour (dans la journée)	*Guten Tag*
Bonsoir	*Guten Abend*
Bonne nuit	*Gute Nacht*
Au revoir	*Auf wiedersehen*
Au revoir (au téléphone)	*Auf wiederhören*
Je ne comprends pas	*Ich verstehe nicht*
Parlez-vous français ?	*Sprechen Sie französisch ?*
Parler plus lentement	*Langsamer sprechen*
Qu'est-ce que cela veut dire en français ?	*Was heißt das auf französisch ?*
Je suis français	*Ich bin Franzose*
Je suis française	*Ich bin Französin*
Peut-être	*Vielleicht*
S'il vous plaît	*Bitte*
Merci	*Danke*
Je vous en prie	*Bitte*
Droite	*Rechts*
Gauche	*Links*
Tout droit	*Geradeaus*

Au-dessus ; en haut	Oben
En dessous ; en bas	Unten
En face	Gegenüber
A côté	Neben

A l'hôtel

Où se trouve l'hôtel le plus proche ?	Wo ist das nächste Hotel ?
Chambre simple	Einzelzimmer
Chambre double	Doppelzimmer
Chambre avec salle de bains	Zimmer mit Bad
Combien coûte ceci ?	Wieviel kostet das ?
Chambre avec pension complète	Zimmer mit Vollpension
Une autre chambre	Ein anderes Zimmer
Nous resterons une nuit	Wir bleiben hier eine Nacht
Petit déjeuner	Frühstück
Toilettes	Toilette (die)
Salle de bains	Badezimmer (das)

En ville et sur la route

Y a-t-il un autobus pour le centre ?	Gibt es einen Autobus ins Stadtzentrum ?
Visite guidée	Kommentierte Besichtigungstour
Syndicat d'initiative	Touristinformationsbüro
Église	Kirche (die)
Monument	Denkmal (das)
Château	Schloß (das)
Centre historique	Altstadtviertel (das)
Souvenirs	Souvenirs
Boîte de nuit	Disco (die)
Prix	Preis (der)
Cinéma	Kino
Quel film se joue en ce moment ?	Was für ein Film läuft dort ?
Bureau de poste	Postamt
Banque	Bank
Pharmacie	Apotheke
Quand fermez-vous ?	Wann schließen Sie ?
Ouvert	Geöffnet
Fermé	Geschloßen
Près	Nah
Loin	Weit
Bon marché	Billig
Cher	Teuer
Gratuit	Kostenlos
Bureau de change	Wechselstube (die)
Changer de l'argent	Geld wechseln
Monnaie	Kleingeld

Téléphoner	Telefonieren
Cabine téléphonique	Telefonzelle (die)
Télécarte	Telefonkarte (die)
Gare	Bahnhof
Voie	Gleis
Aéroport	Flughafen (der)
Appeler un taxi	Ein Taxi rufen
Billet (de train)	Fahrkarte (die)
Billet (d'avion)	Flugkarte (die)
Départ	Abfahrt (die)
Arrivée	Ankunft (die)
Le prochain train pour…	Der nächste Zug nach…
L'avion pour Paris	Der Flug nach Paris
Changer (de train)	Umsteigen
Sortie	Ausfahrt (die), Ausgang (der)
Entrée	Einfahrt (die), Eingang (der)
Agence de voyages	Reisebüro (das)
Aire de repos	Rastplatz (der)
Station-service	Tankstelle (die)
Essence avec plomb	Benzin verbleit
Super avec plomb	Super verbleit
Super sans plomb (95)	Super bleifrei
Super plus sans plomb (98)	Super plus bleifrei
Pont	Brücke (die)
Croisement	Kreuzung (die)
Stationnement interdit	Parken verboten
Arrêt interdit	Halten verboten
Sens unique	Einbahnstrasse (die)
Hôpital	Krankenhaus (das)
Bac	Fähre (die)
Taxe	Gebühr (die)
Hauteur	Höhe (die)
Largeur	Breite (die)
Longueur	Länge (die)
Avez-vous quelque chose à déclarer ?	Haben Sie etwas zu verzollen ?
Douane	Zoll (der)

Au restaurant

Un bon restaurant	Ein gutes Restaurant
Recommander	Empfehlen
Commander	Bestellen
Menu	Speisekarte (die)
Déjeuner	Mittagessen (das)
Dîner	Abendessen (das)
Couteau	Messer (das)
Fourchette	Gabel (die)
Cuillère	Löffel (der)
Serviette	Serviette (die)
Bière	Bier (das)
Vin	Wein (der)
Pain	Brot (das)
Fromage	Käse (der)

Viande	*Fleisch (das)*
Saucisse	*Würstchen (das)*
Miel	*Honig (der)*
Pâtes	*Nudeln (die)*
Pommes de terre	*Kartoffeln (die)*
Riz	*Reis (der)*
Confiture	*Marmelade (die)*
Œuf	*Ei (das)*
Lait	*Milch (die)*
Café	*Kaffee (der)*
Thé	*Tee (der)*
Sucre	*Zucker (der)*
Beurre	*Butter (die)*
Addition, facture	*Rechnung (die)*
Payer	*Bezahlen*
Faire une réclamation	*Sich beschweren*

Jours, mois, saisons

Lundi	*Montag*
Mardi	*Dienstag*
Mercredi	*Mittwoch*
Jeudi	*Donnerstag*
Vendredi	*Freitag*
Samedi	*Samstag, Sonnabend*
Dimanche	*Sonntag*
Janvier	*Januar*
Février	*Februar*
Mars	*März*
Avril	*April*
Mai	*Mai*
Juin	*Juni*
Juillet	*Juli*
Août	*August*
Septembre	*September*
Octobre	*Oktober*
Novembre	*November*
Décembre	*Dezember*
Printemps	*Frühling (der)*
Été	*Sommer (der)*
Automne	*Herbst (der)*
Hiver	*Winter (der)*

Chiffres

0	*Null*
1	*Eins*
2	*Zwei*
3	*Drei*
4	*Vier*
5	*Fünf*
6	*Sechs*
7	*Sieben*
8	*Acht*
9	*Neun*
10	*Zehn*

11	*Elf*
12	*Zwölf*
13	*Dreizehn*
14	*Vierzehn*
15	*Fünfzehn*
16	*Sechzehn*
17	*Siebzehn*
18	*Achtzehn*
19	*Neunzehn*
20	*Zwanzig*
21	*Einundzwanzig*
22	*Zweiundzwanzig*
23	*Dreiundzwanzig*
24	*Vierundzwanzig*
25	*Fünfundzwanzig*
26	*Sechsundzwanzig*
27	*Siebenundzwanzig*
28	*Achtundzwanzig*
29	*Neunundzwanzig*
30	*Dreissig*
40	*Vierzig*
50	*Fünfzig*
60	*Sechzig*
70	*Sicbzig*
80	*Achtzig*
90	*Neunzig*
100	*Hundert*
200	*Zweihundert*
1 000	*Tausend*
2 000	*Zweitausend*
1 000 000	*Eine Million*

Nombres ordinaux

Premier	*erste(r)*
Deuxième	*zweite(r)*
Troisième	*dritte(r)*
Quatrième	*vierte(r)*
Cinquième	*fünfte(r)*
Sixième	*sechste(r)*
Septième	*siebte(r)*
Huitième	*achte(r)*
Neuvième	*neunte(r)*
Dixième	*zehnte(r)*
Onzième	*elfte(r)*
Douzième	*zwölfte(r)*
Treizième	*dreizehnte(r)*
Vingtième	*zwanzigste(r)*
Vingt et unième	*Einundzwanzigste(r)*
Centième	*hundertste(r)*
Millième	*tausendste(r)*

Fractions

Moitié	*Hälfte (die)*
Tiers	*Drittel (das)*
Quart	*Viertel (das)*
Trois quarts	*Drei Viertel*

ADRESSES UTILES

Consulats

La plupart des ambassades n'ont pas encore déménagé de Bonn à Berlin.

France
Kurfürstendamm 211 (Wilmersdorf), tél. 88 59 02 43

Belgique
Esplanade 13 (Pankow), tél. 4 45 91 88

Suisse
Fürst-Bismarck-Strasse 4 (Tiergarten), tél. 3 94 40 21

Canada
Friedrichstrasse 95 (Kreuzberg), tél. 2 61 11 61

Renseignements et documentation

Touristeninformation (Tourist-Info) Berlin
Europa-Center, Budapester Strasse 45
Ouvert du lundi au samedi de 8 h à 22 h et de 9 h à 21 h le dimanche. On peut s'y procurer un petit plan de Berlin avec des informations en français. Réservations pour le théâtre, les événements sportifs, etc., mais pas pour les hôtels. Personnel polyglotte.
Touristeninformation Brandenburger Tor
Pariser Platz, tél. 25 00 25
Ouvert tous les jours de 10 h 30 à 19 h.

Info Box
Leipziger Platz 21 (Mitte), tél. 22 66 24-0
Ouvert tous les jours de 9 h à 19 h (jusqu'à 21 h le jeudi) jusqu'au 31 décembre 2000. Pour tout savoir sur les projets de construction et d'aménagement de Potsdamer Platz et du centre de la ville (brochures, maquettes, présentations multimédias).

Institut français de Berlin
Maison de France, Kurfürstendamm 211 (Wilmersdorf),tél. 88 59 02 18
Ouvert de 9 h à 13 h et de 14 h à 18 h du lundi au jeudi (jusqu'à 17 h le vendredi).

Goethe Institut
17, avenue d'Iéna, 75116 Paris, tél. 01 44 43 92 70
L'Institut Goethe est présent à Bordeaux, Colmar, Lille, Lyon, Marseille, Nancy, Strasbourg, Toulouse.

BIBLIOGRAPHIE

Histoire et société

Buffet (C.), *Histoire de Berlin*, « Que sais-je ? », P.U.F., 1994
Collectifs, *Berlin capitale*, Autrement, série Monde n°57, 1992 ; *Berlin 1919-1933*, série Mémoires n°10, 1991 ; *Berlin 1933-1945*, série Mémoires n°37, 1995
Kreimeier (K.), *Une histoire du cinéma allemand : l'U.F.A.*, Flammarion, 1994

Littérature

Becker (T.), *La Caution*, Flammarion, 1988
Benjamin W.), *Enfance berlinoise*, Maurice Nadeau, 1978
Bierman (P.), *Potsdamer Platz*, Rivages-noir, 1992
Canetti (E.), *Histoire d'une vie - Le flambeau dans l'oreille*, Livre de poche, 1982
Dische (I.), *Désaccord majeur*, Le Seuil, 1996
Döblin (A.), *Berlin Alexanderplatz*, Gallimard, 1970
Frank et **Vautrin**, *La Dame de Berlin*, Presses Pocket, 1987
Hessel (F.), *Promenades dans Berlin*, Presses universitaires de Grenoble, 1989
Hilaire (K.), *Berlin, dernière*, Flammarion, 1990
Kästner (E.), *Fabian*, Balland, 1983
Kerr (P.), *L'Été de cristal*, Livre de poche, 1995 ; *Chambres froides*, Le Masque, 1994 ; *La Pâle Figure*, 1994
McEwan (I.), *L'Innocent*, Le Seuil, 1992
Schädlich (H. J.), *Berlinestouest*, Gallimard, 1990
Schneider (P.), *Le Sauteur de mur*, Grasset, 1983 ; *La Ville des séparations*, 1994
Tournier (M.), *Les Météores*, Gallimard, 1975
Zischler (H.), *Visas d'un jour*, Christian Bourgois, 1994

Librairies

Calligrammes
8, rue de la Collégiale, 75005 Paris, tél. 01 43 36 85 07
Buchladen
3, rue Burq, 75018 Paris, tél. 01 42 55 42 13
Marissal-Bücher
42, rue Rambuteau, 75003 Paris, tél. 01 42 74 37 47
Nouveau Quartier latin
78, boulevard Saint-Michel, 75006 Paris, tél. 01 43 26 42 70

CRÉDITS PHOTOGRAPHIQUES

287	**Alpha Press-Kiesling**
28-29, 30, 32, 33, 34, 37, 38, 39, 46, 48, 49, 50, 51, 154, 262-263	**Archives d'art et d'histoire, Berlin**
14-15, 22, 28-29, 30, 82, 134, 136, 192-193, 248-249, 265	**Archives Jürgens, Cologne**
40, 41, 264	**Archives du fonds culturel prussien**
84, 87, 89, 91, 99, 286	**David Baltzer**
162, 278	**Christoph Busch**
18-19, 63, 131, 158, 159, 182, 204, 246, 251, 276, 277, 279, 318-319	**Wieland Giebel**
2, 6-7, 143, 173, 272	**Frances Gransden**
100-101, 135, 178, 179, 197, 200	**Harald Hauswald**
219, 256, 282	**Benno Kraehahn**
79, 92-93, 132, 133, 160, 161, 167, 174-175, 177, 188, 199, 201, 203, 205, 206-207, 229, 250, 252-253, 257	**Karl-Heinz et Sabine Kraemer**
44, 47, 54, 56, 57, 58, 60, 94, 118, 150	**Bibliothèque d'images de l'État**
116, 124, 125, 254, 255, 260-261, 280-281, 283, 285, 288	**Karl-Ullrich Müller**
7, 16-17, 26, 61, 62, 70, 77, 78, 81, 86, 98, 104-105, 120, 121, 123, 126, 127, 128, 137, 138 139, 140, 144, 146, 155, 163, 169, 170, 171, 176, 185, 198, 210, 232 g et d, 239, 240, 245, 247, 258, 266, 267, 268-269, 270, 273, 274, 284	**Erhard Pansegrau**
242	**Service de presse de Spandau**
189, 190, 191, 194, 259, 275	**Stefan Maria Rother**
180, 181, 196	**Thomas Sandberg**
1, 12-13, 20, 24, 25, 64-65, 66, 68, 69, 71, 72, 74, 75, 76, 80, 83, 90, 96, 97, 106-107, 108, 118-119, 122, 141, 142, 145, 147, 148, 149, 151, 152, 164-165, 166, 172, 184, 186, 187, 208, 211, 212-213, 214, 217, 218, 220, 223, 224-225, 226, 227, 230, 234-235, 237, 238, 241	**Günter Schneider**
35, 43, 53, 129, 222	**Rolf Steinberg**
59	**Éditions Checkpoint Charlie**
Cartes	**Berndtson & Berndtson**

INDEX